I0786968

Luis Jorge Garay Salamanca
Eduardo Salcedo-Albarán
Guillermo Macías Fernández

MACROCORRUPCIÓN Y COOPTACIÓN INSTITUCIONAL

LA RED CRIMINAL "LAVA JATO"

Colaboración de:

Diana Santos Cubides
Nathalia Guerra Villamizar
Laura Rojas Pinilla

MACROCORRUPCIÓN Y COOPTACIÓN INSTITUCIONAL: LA RED CRIMINAL "LAVA JATO"

Advertencia

Los hechos y análisis presentados en este libro están sustentados en documentos y archivos judiciales, y entrevistas publicadas en medios de comunicación relacionados con las redes ilícitas que se modelan en el presente libro. En el caso de los nombres mencionados, citados o referenciados en el texto, de personas acusadas pero que aún no han sido condenadas judicialmente, siempre se preserva la presunción de inocencia en garantía de los derechos individuales y del debido proceso. La verdad judicial es jurisdicción de las cortes, las cuales, por ley, decidirán si los acusados son inocentes o culpables.

Por lo anterior, se aclara que pertenecer a, participar en, estar conectado a, o aparecer en una red, como las que se analizan en el presente libro, no implica haber cometido un acto ilegal o estar involucrado en una empresa criminal. Es siempre posible que un individuo, a pesar de promover actividades legales y lícitas, pertenezca a, participe en, esté conectado a o aparezca en una red ilícita como resultado de la coerción o el engaño, o por fallas en los procesos preliminares que enmarcan las investigaciones judiciales, o por cualquier otro motivo no relacionado con la comisión de actos criminales.

Es de resaltar que los análisis desarrollados en este libro se sustentan fundamentalmente en documentos del Ministerio Público de Brasil y en algunas sentencias judiciales, por lo que a excepción de algunos casos específicos, la mayoría de los individuos y empresas aquí mencionadas como miembros de la red "Lava Jato" todavía no cuentan con sentencia judicial y los cobija la presunción formal de inocencia.

Introducción

El caso judicial conocido popularmente como "Lava Jato" es una investigación en curso de la Policía Federal de Brasil ejecutada para desmantelar los planes de corrupción y lavado de dinero que inicialmente involucraba a Petrobras, la compañía estatal de petróleos de Brasil. Desde 2014 hasta mediados de 2017, esta investigación desarrolló 41 fases en las que participaron empresas privadas y estatales, funcionarios de alto rango, políticos, personas relacionadas con dichas empresas, cambistas, o doleiros, e incluso narcotraficantes, entre otros tipos de agentes de 12 países.

A partir de la denuncia inicial por parte de Hermes Freitas Magnus, propietario junto con Maria Teodora Silva de la empresa brasilera "Dunel", comenzaron las investigaciones, lo que permitió identificar a cuatro grupos delictivos liderados por los operadores de cambio de divisas Carlos Habib Chater, Alberto Youssef, Nelma Mitsue Penasso Kodama y Raul Henrique Srour. Estas cuatro estructuras delictivas operaron entre 2005 y 2014 para obtener contratos millonarios con Petrobras y otras compañías estatales mediante pago de sobornos a funcionarios de las compañías, así como a políticos con poder para designar a dichos funcionarios y mantenerlos en sus cargos. La masividad de sobornos fue tal que se estableció un complejo esquema de tráfico y lavado de activos para manejar los movimientos de dinero mediante varias "capas" de empresas reales y "de fachada" a nivel transnacional.

Teniendo en cuenta la cantidad y diversidad de personas, empresas, operadores financieros, instituciones y países involucrados, podría reconocerse que la operación "Lava Jato" reveló una red masiva de corrupción y cooptación institucional. Uno de los propósitos de este libro es precisamente analizar y comprender, por primera vez, las dimensiones y el alcance de la complejidad de la operación. Como se discutirá, con este análisis se identifica una estructura masiva de corrupción, cooptación institucional y lavado de dinero en la que cerca de 900 agentes sociales, incluidos individuos y empresas, establecieron casi 2700 interacciones, con el agravante de que el número de agentes e interacciones aumenta a medida que las autoridades brasileñas revelan más información.

Este análisis se basa en registros y documentos publicados por el sistema judicial brasilero hasta junio de 2017. En cierto sentido, este análisis trata de "traducir" la verdad prejudicial que ha develado el Ministerio Público Federal mediante un modelo que puede ser parametrizado y visualizado. Sin embargo, y como es de esperarse, las investigaciones y enjuiciamientos llevados a cabo en Brasil han estado fragmentados, por lo que era necesario recopilar y analizar las 150 fuentes consultadas para comprender la red ilícita, requiriéndose la aplicación de protocolos específicos y una dispendiosa recopilación y análisis de datos. Al final, se identificaron más de 250 empresas brasileñas y extranjeras, 170 individuos específicamente relacionados con empresas y más de 100 funcionarios públicos.

Teniendo en cuenta la masividad de la red identificada y sus sub-redes clave, sus impactos estructurales en los sistemas corporativo, económico, social y político en Brasil, y su relación con diversas estructuras de corrupción en América Latina y el lavado de dinero transnacional, se introduce el concepto de "macrocorrupción" para dar debida cuenta del alcance de este fenómeno.

Aunque el soborno también fue una de las modalidades utilizadas para articular esta macro-red, el concepto tradicional de corrupción resulta en este caso insuficiente para comprender la dimensión y las implicaciones de esta estructura: "Lava Jato" no es sólo otro escándalo de corrupción en el que billones de dólares de recursos públicos fueron redireccionados ilegalmente y apropiados por unos pocos individuos poderosos; es una red masiva y transnacional de corrupción que manipuló instituciones brasileras para satisfacer a unos cuantos sujetos poderosos y sus intereses excluyentes. Por lo tanto, "Lava Jato" se concibe y conceptualiza como una red de macrocorrupción y cooptación institucional; un sistema intrincado y perverso, planeado y establecido por políticos, funcionarios públicos de alto rango y empresarios, para desviar y lavar cuantiosos recursos públicos.

Por otro lado, es necesario enfatizar que, aunque en el derecho penal moderno el término "crimen" no tiene una definición simple y universalmente aceptada, para el propósito de este libro el crimen será entendido como un acto que es claramente dañino no sólo para un individuo sino también para una sociedad y un Estado. Los actos criminales están prohibidos y son punibles por ley. Un delito penal, por lo tanto, es una categoría creada y definida por la ley penal en cada país. Ahora bien, un acto ilícito es un acto prescrito como prohibido por la ley, pero en algunos casos y bajo diferentes circunstancias podría llegar a revestir alguna apariencia de legalidad. Esto significa que algunas acciones pueden interpretarse en una delgada línea de diferenciación entre su carácter lícito o ilícito; una acción lícita se convierte en ilícita si ciertas especificaciones legales no se cumplen debidamente o también si las consecuencias de la acción son socialmente perjudiciales porque, por ejemplo, contribuyen a la materialización indirecta de un ilícito. En este contexto, la red "Lava Jato" se denomina como ilícita/criminal pues aunque algunas acciones específicas aisladas, que se discutirán en el texto, no pueden definirse estrictamente *a priori* como delitos individuales establecidos por la ley, adquieren un carácter ilícito cuando se analizan integralmente en el marco de funcionamiento de la red.

El presente libro contiene diez capítulos. Después de esta introducción, el primer capítulo discute cómo el enfoque de corrupción básica no puede comprender ni explicar la complejidad de estructuras corruptas complejas como "Lava Jato"; por lo tanto, se propone el enfoque de macrocorrupción sistémica y cooptación institucional. En el segundo capítulo se presentan algunos enfoques relevantes para entender la corrupción en Brasil, discutiendo algunos casos recientes. En el tercer capítulo se introducen conceptos de análisis y metodológicos claves, y describen las características básicas de la red "Lava Jato" y sus principales sub-redes. En el cuarto capítulo se detalla la estructura de la red, identificando los principales agentes sociales involucrados y las interacciones más importantes establecidas por esos agentes.

En los cuatro capítulos siguientes se incluye un análisis detallado de las enmiendas sistemáticas a los contratos públicos, la simulación de contratos privados, el financiamiento electoral ilícito y los sobornos millonarios pagados para articular cuatro principales sub-redes ilícitas de la red "Lava Jato". El quinto capítulo se concentra en la sub-red de Petrobras, describiendo las principales interacciones que establecieron funcionarios de esa entidad, operadores privados – como empresas constructoras – y partidos políticos para articular el núcleo de un esquema sistemático de corrupción que después, guardadas proporciones, se reprodujo parcialmente en algunos países de América Latina. Luego, los capítulos sexto, séptimo y octavo se centran en las sub-redes "Eletrobras - Eletronuclear", "Sergio Cabral" y "JB". Cada sub-red, si bien se relaciona con ciertas actividades específicas, comparte un modus operandi similar: acuerdos entre servidores públicos y partidos políticos para nombrar a determinados funcionarios en entidades públicas clave para, favorecer en sus procesos de licitación pública a empresas específicas financiadoras de campañas electorales y partidos políticos adeptos al esquema corrupto.

El lector que no está interesado en comprender los detalles operativos de las sub-redes de "Lava Jato", pero sí en su estructura general, así como en sus efectos institucionales, puede pasar directamente del quinto al noveno capítulo. Sin embargo, los fiscales, jueces, abogados y académicos interesados en comprender los detalles acerca de las actividades ilícitas de estas subestructuras ilegales que sustentaron la red encontrarán información relevante en estos capítulos.

El noveno capítulo sintetiza los conceptos de cooptación institucional y macrocorrupción según la evidencia presentada en los capítulos anteriores sobre la red "Lava Jato". En el décimo se analiza las reformas societales e institucionales, así como conceptuales, metodológicas y tecnológicas, necesarias para enfrentar redes complejas de corrupción como "Lava Jato".

Aunque algunas personas podrían suponer que las investigaciones y procesos judiciales como los que se están llevando a cabo en Brasil son suficientes para enfrentar la macrocorrupción y la cooptación institucional, la verdad es que las transformaciones y reformas estructurales, institucionales y sociales requeridas, aún no han sucedido en Brasil ni en otros países de América Latina. Ante ello, en tales países determinados grupos poderosos continuarán aprovechando su privilegiada relación con partidos políticos como una herramienta eficaz para promover sus intereses excluyentes, egoístas e incluso ilícitos, lo que continuará contribuyendo a una profunda reconfiguración de instituciones sociales y, al fin de cuentas, a una ineficacia inaceptable del Estado de Derecho.

Asimismo, aún no se han implementado mecanismos institucionales efectivos para la investigación transnacional y el enjuiciamiento de la macrocorrupción; la adopción y aplicación de convenciones multilaterales es el procedimiento internacional utilizado actualmente, pero su alcance y efectividad distan mucho de los requeridos ante la gravedad y complejidad de la corrupción en la práctica. Mientras tanto, los pocos fiscales y jueces locales que intentan entender y confrontar el fenómeno, se encuentran con limitaciones legislativas, institucionales, operativas, procedimentales, metodológicas y tecnológicas.

"Lava Jato" es la red transnacional más compleja de macrocorrupción conocida e investigada hasta la fecha; desafortunadamente, no parece que será la última. A medida que la sociedad global evoluciona hacia una dinámica de conectividad permanente y masiva, y hacia cambios aún más rápidos, las redes ilícitas y criminales profundizarán su alcance global y, seguramente, sus niveles de resiliencia. Para enfrentar el desafío de la macrocorrupción transnacional se han de realizar transformaciones societales básicas, así como reformas sustanciales en las legislaciones y sistemas judiciales del mundo en concordancia con la complejidad del fenómeno en cuestión.

***

Los autores agradecen al instituto Humanitas360, especialmente a su presidenta, Patricia Villela Marino, por el apoyo a la Fundación Vortex para realizar las primeras etapas del análisis de fuentes judiciales, con la donación Acuerdo de cooperación para acción No. 01 de 2017.

También reconocen a Manuela Barrero y a María Fernanda Peñaloza por la última revisión del libro.

Capítulo 1. Sobre la Corrupción

Nota Preliminar

A menudo se piensa como regla general que los grupos criminales o ilícitos – desde pandillas hasta estructuras delictivas organizadas – se enfrentan al Estado. Sin embargo, investigaciones realizadas durante los últimos años muestran que la historia de las relaciones entre el Estado, el crimen organizado y las redes ilícitas no siempre son de confrontación, sino que, por el contrario, son de colaboración y beneficio mutuo.[1] Incluso, en ocasiones los grupos ilícitos y criminales infiltran y cooptan instituciones estatales específicas para alcanzar sus intereses ilegítimos. Algunos funcionarios del gobierno, empresarios y políticos establecen frecuentemente acuerdos y relaciones de largo plazo con el crimen organizado o con grupos ilícitos, aprovechando su poder para obtener beneficios egoístas, excluyentes e ilícitos que perjudican intereses públicos. Estas alianzas se observan incluso en las esferas más altas de toma de decisiones, afectando la estructura y el funcionamiento de instituciones públicas y privadas.

1 Garay Salamanca, L. J., Salcedo-Albarán, E., & De León Beltrán, I. (2010). *Illicit Networks Reconfiguring States: Social Network Analysis of Colombian and Mexican Cases.* Bogotá: Metodo Foundation.

El Concepto de Corrupción

El concepto de corrupción se ha utilizado para caracterizar diversas situaciones sociales negativas, desde el aprovechamiento de vacíos institucionales hasta delitos penales. En su definición más básica, la corrupción a menudo se interpreta como "el uso indebido de un cargo público para obtener ganancias privadas"[2] o el abuso de funciones públicas para obtener beneficios privados y excluyentes.[3] El análisis tradicional sobre la corrupción se ha centrado en cómo la práctica del soborno permite la interacción indebida entre agentes públicos y privados, ya que generalmente éste se ha interpretado como el procedimiento mediante el cual se establecen acuerdos entre agentes públicos y privados para obtener beneficios violando o incluso acomodando indebidamente leyes y normas específicas.

Desafortunadamente, esta definición es imprecisa porque no especifíca cuándo el uso del poder para fines privados puede interpretarse como un abuso.[4] A su vez, esta definición implica una dicotomía entre las esferas pública/impersonal y privada/personal, reforzando la idea de que éstas pueden mantenerse separadas, lo cual, según se ha observado en diferentes contextos políticos, resulta cada vez más difícil de sustentar en la práctica. Según la antropóloga Elizabeth Harrison, esta dicotomía se deriva de una noción weberiana que entiende la organización burocrática como inherente de la dupla racional-legal; una dicotomía que tiene sus raíces en el paradigma racionalista general adoptado desde

---

2 Rose-Ackerman, S. (1999). *Corruption and Government: Causes, Consequences and Reforms*. New York: Cambridge University Press.
3 World Bank. (1997). *Helping Countries Combat Corruption: The Role of the World Bank*. Washington: World Bank.
4 Dávid-Barrett, E., & Philip, M. (2015). "Realism About Political Corruption". *Annual Review of Political Science*, 387-402

Descartes. No obstante, para Weber este fue un tipo ideal que no se puede verificar empíricamente en la práctica real.[5]

Por otro lado, la literatura reciente reconoce y aborda el vínculo entre la corrupción y elementos formales y operativos de la democracia, como las reglas y procesos electorales, o el modelo y el nivel de descentralización.[6] En la década de 1990, el politólogo Dennis Thompson propuso el término "corrupción institucional" como un paso necesario para superar el enfoque individualista e informal que domina el análisis tradicional sobre la corrupción. Thompson se centra en el impacto de la corrupción en diversos procesos políticos. Según el autor, una ventaja individual es aceptable siempre que contribuya a promover la competencia lícita en el proceso democrático; de lo contrario, no puede ser tolerada si socava y perjudica el proceso político. En conclusión, el impacto de la acción es mucho más importante que su intención.[7]

A su turno, según Lawrence Lessig, quien aporta un enfoque más reciente, la corrupción institucional no debe entenderse como una cuestión moral sobre lo que es bueno o malo, sino como una influencia sistémica y estratégica sobre las instituciones, que generalmente pareciera ser legal y percibirse como ética aun cuando comprometa la efectividad de las mismas, desviando sus propósitos fundamentales y afectando la confianza del público en las instituciones.[8] Asimismo, Lessig propone la necesidad de distinguir el significado común de corrupción asociado al

---

5 Harrison, E. (2007). *Corruption. Development in Practice*, 672-678.
6 Bagashka, T. (2014). "Unpacking Corruption: The Effect of Veto Players on State Capture and Bureaucratic Corruption". *Political Research Quarterly*, 67(1), 165-180.
7 Dávid-Barrett, E., & Philip, M. (2015). "Realism About Political Corruption". *Annual Review of Political Science*, 387-402
8 Lessig, L. (2013). "Institutional Corruption defined". *Law Med*, 2-4

soborno, de las actividades que efectivamente socavan la legitimidad y la eficacia de las instituciones.[9]

Cabe señalar que el concepto de Lessig sobre la "acción corrupta" depende de los propósitos de una institución determinada y de las intenciones del sujeto que comete el acto de corrupción. Considerando que el autor toma el carácter sistémico y estratégico del acto como un componente fundamental de la corrupción institucional, el individuo o grupo que comete tal acto debe conocer e intentar distorsionar y socavar los propósitos rectores de la institución.[10]

Concentrando su atención en las intenciones del agente, Danila Serra y Leonard Wantchekon proponen otra definición de corrupción: romper las reglas "a puertas cerradas" para obtener ventajas ilícitas y particulares. Sin embargo, el secreto no es una condición cumplida en todos los casos de corrupción, pues hay situaciones que son de conocimiento público. Esto sucede siempre que "romper" una norma específica sea culturalmente aceptado.[11]

Para identificar las prácticas de corrupción es importante distinguir entre la "gran" corrupción y la corrupción menor. La segunda está asociada a "operaciones en la calle" y, por lo tanto, involucra menores cantidades de dinero, típicas de funcionarios de rango medio y bajo. Por otro lado, según Martínez García, la gran corrupción se refiere a prácticas perpetradas y reproducidas por jefes de Estado, ministros y funcionarios en posiciones de poder

---

9 Dávid-Barrett, E., & Philip, M. (2015). "Realism About Political Corruption". *Annual Review of Political Science*, 387-402.
10 Ibid.
11 Serra, D., & Wantchekon, L. (2012). *New Advances in Experimental Research on Corruption*. Bingley: Emerald Group.

político y administrativo, que generalmente involucran grandes sumas de dinero.[12] Cada modalidad puede ocurrir en los niveles del gobierno central, regional o local.[13]

Asimismo, Gervais Rufyikiri explica que la gran corrupción se ejecuta mediante irregularidades intencionales en la contratación pública, evasión fiscal por medio de la manipulación del valor de los activos gravables y uso de recibos falsos, certificados falsificados sobre el origen e identificación de productos importados, así como por el aprovechamiento de exenciones fiscales abusivas. Los responsables, como se mencionó anteriormente, suelen ser políticos y funcionarios de alto rango que aceptan o exigen sobornos para implementar y encubrir procedimientos irregulares y empresarios que se sustentan en ofrecer sobornos para obtener tratos preferenciales y establecer negocios ventajosos.[14]

La corrupción mediante los procesos de contratación pública es una de las estrategias más utilizadas y al mismo tiempo una de las menos sancionadas en la práctica, porque principalmente consiste de negociaciones interpersonales y grupales – en su mayoría informales – que no cumplen a cabalidad con las reglas establecidas ni con los procesos estandarizados de contratación pública. Según Rufyikiri, la corrupción a través de contratos públicos comienza durante la fase de preparación de una licitación, cuando a menudo es diseñada para adaptarse

---

12 Martínez García, D. (2014). "La Corrupción y su efecto retroalimentativo: Una de las mayores amenazas a la democracia". *Letras Jurídicas* (29), 107-118.
13 Villoria, M., Van Ryzin, G., & Lavena, C. (2013). "Social consequences of government corruption: A study of institutional disaffection in Spain". *Public Administration Review* (73).
14 Rufyikiri, G. (2016). "Grand Corruption in Burundi: a collective action problem which posses major challenges for governance reforms". *Institute of Development Policy* (IOB).

específicamente a una determinada compañía, eliminando la competencia incluso antes de que comience la pugna. En este proceso, una parte de los beneficios generados por los contratos se distribuye entre varios funcionarios públicos. Con el fin de ocultar dichas ganancias ilícitas, las compañías beneficiadas tienen que poner en marcha diferentes mecanismos, entre ellos, el lavado de dinero.[15]

Por su parte, el fenómeno de la gran corrupción no es específico de un determinado país o gobierno. Por ejemplo, Sonny Shiu-Hing Lo elaboró un caso comparativo entre dos ciudades: Hong-Kong y Macao. En ambos casos, argumentó el autor, la codicia individual de algunos funcionarios llevó a la creación de un gran esquema de corrupción tan poderoso que neutralizó los cuerpos anticorrupción y el escrutinio de los medios de comunicación. En los casos estudiados, la gran corrupción fue posible debido a las estrechas conexiones personales entre funcionarios del gobierno y élites empresariales.[16]

En otros lugares explorados por Rufyikiri, como Burundi en África Central, se encontró que la corrupción es "rampante y sistémica", contrarrestando casi por completo las acciones institucionales que buscan combatirla. En este país, como es de esperarse, la corrupción frustró las buenas prácticas de gobernabilidad y finalmente condujo a la inestabilidad del sistema, contribuyendo a convertir dicho país en la nación más pobre del mundo.[17]

---

15 Ibid.
16 Shiu Hing Lo, S. (2017). "Comparative grand corruption and protection pacts among elites: the cases of Ao Man Long in Macao and Hui Si-Yan in Hong Kong". *Asian Journal of Political Science*, 25(2), 234-251.
17 Rufyikiri, G. (2016). "Grand Corruption in Burundi: A Collective Action Problem Which Posses Major Challenges for Governance Reforms". *Institute of Development Policy* (IOB).

Hazel Gray describe en cómo la estructura de gran corrupción en Tanzania involucró a políticos y funcionarios gubernamentales de alto rango, empresas nacionales y multinacionales en una serie de acciones ilegales, que incluyen sobornos, malversación de fondos públicos y pago de favores políticos.[18]

Enfoques teóricos recientes sobre la corrupción

Captura de Estado

Un enfoque teórico sobre la corrupción y la criminalidad ha sido desarrollado recientemente para aumentar la comprensión de sus características fundamentales en la actualidad. En países caracterizados por fallas o debilidades institucionales severas, se ha propuesto un concepto que define una forma específica de corrupción a gran escala, generalmente denominada Captura del Estado (CE). La Captura del Estado, que puede entenderse como una forma ulterior y más compleja de corrupción regular, casual y simple, se define como la intervención de individuos, grupos o empresas y organizaciones legales en la redacción y/o implementación de leyes, decretos, reglamentos y políticas públicas, para obtener beneficios económicos durante perdurables periodos de tiempo.[19]

---

18 Gray, H. S. (2015). "The political economy of grand corruption in Tanzania". *African Affairs*, 114(456), 282-403.
19 Hellman, J. S., Jones, G., & Kaufmann, D. (2000). "Seize the State, Seize the Day". *State Capture, Corruption, and Influence in Transition*. The World Bank.
Hellman, J., & Kaufmann, D. (2001). "Confronting the Challenge of State Capture in Transition Economies". *Finance & Development*, 38(4).
Kaufmann, D., Kraay, A., & Mastruzzi, M. (2010). "The Worldwide Governance Indicators: Methodology and Analytical Issues". *World Bank Policy Research Working Paper No. 5430*.

A menudo se identifican como características básicas de la Captura del Estado tradicional: (i) la acción de grupos legales, (ii) racionalizada por motivos económicos y en busca de beneficios o ventajas económicas, que (iii) ocurre principalmente a través de sobornos a nivel nacional y transnacional, y (iv) se ejecuta especialmente en las ramas legislativa y administrativa a nivel nacional.[20] Sin embargo, se puede encontrar un tipo mucho más complejo de corrupción a gran escala, como se analiza en los siguientes capítulos.

Después de analizar las situaciones de CE en las que el Estado de Derecho aún se encuentra en proceso de consolidación, se ha observado un proceso de captura estatal o institucional más avanzado y complejo, que implica la (i) intervención de grupos legales y también ilegales con la búsqueda de (ii) beneficios no sólo económicos sino también judiciales y políticos, e incluso de legitimidad social, a través del (iii) uso de la coacción y de acuerdos políticos que complementan e incluso sustituyen al soborno, y en (iv) una esfera de influencia que alcanza diferentes ramas y niveles de la administración pública.[21]

Sin importar su complejidad, una característica clave en los procesos tradicionales de CE es que las interacciones entre los agentes sociales generalmente se establecen

---

20 Garay Salamanca, L. J., Salcedo-Albarán, E., & De León Beltrán, I. (2010). *Illicit Networks Reconfiguring States: Social Network Analysis of Colombian and Mexican Cases.* Bogotá: Metodo Foundation.
Garay Salamanca, L. J., Salcedo-Albarán, E. (2012). *Narcotráfico, Corrupción y Estados.* Bogotá: Debate.
Garay Salamanca, L. J., & Salcedo-Albarán, E. (2015). *Drug Trafficking, Corruption and States: How Illicit Networks Shaped Institutions in Colombia, Guatemala and México.* iUniverse
21 Garay Salamanca, L. J., Salcedo-Albarán, E., & De León Beltrán, I. (2010). *Illicit Networks Reconfiguring States: Social Network Analysis of Colombian and Mexican Cases.* Bogotá: Metodo Foundation.

en una sola dirección: desde agentes legales o ilegales – agentes ilícitos o criminales – que operan fuera del Estado, hacia agentes legales que operan dentro del Estado; esta característica coincide con el sentido literal de "Captura del Estado" como un proceso llevado a cabo por agentes sociales externos, "desde fuera" del Estado.[22]

Reconfiguración Cooptada del Estado

Bajo el mismo marco conceptual de referencia, se ha propuesto una categoría que representa una forma más avanzada y compleja de cooptación estatal e institucional, en la cual los agentes establecen acuerdos de forma bidireccional – de doble vía – a través de mecanismos que complementan e incluso sustituyen el soborno tradicional. Esta etapa avanzada y compleja de cooptación institucional ha sido referenciada por Garay et al. como Reconfiguración Cooptada del Estado (RCE), que se distingue por tener un impacto más profundo y duradero en las instituciones democráticas que los observados en la Captura del Estado.[23]

La RCE ha sido definida por Garay et al. como: "La acción de organizaciones legales e ilegales, que a través de prácticas ilegales buscan modificar sistemáticamente desde adentro, el régimen político [y el Estado] e influir en la redacción, modificación, interpretación y aplicación de las reglas del juego y las políticas públicas. [Estas prácticas

---

22 Garay Salamanca, L. J., Salcedo-Albarán, E., & De León Beltrán, I. (2009). *From State Capture towards the Co-opted State Reconfiguration: An Analytical Synthesis.* Metodo Foundation.
Garay Salamanca, L. J., Salcedo-Albarán, E., & De León Beltrán, I. (2010). *Illicit Networks Reconfiguring States: Social Network Analysis of Colombian and Mexican Cases.* Bogotá: Metodo Foundation.
23 Ibid.

se llevan a cabo con el objetivo de] obtener beneficios estables y asegurar que sus intereses sean validados políticamente, así como ganar legitimidad social a largo plazo, aunque estos intereses no sean consecuentes con el principio fundador del bienestar social".[24]

Entre sus principales características, la RCE se distingue por el establecimiento de acuerdos bidireccionales entre agentes que operan dentro del Estado – como funcionarios públicos – en diferentes niveles jerárquicos y ramas de la administración pública, y agentes sociales que operan "desde fuera" del Estado, siendo lícitos o ilícitos. Estos últimos complementan o incluso reemplazan el soborno para obtener beneficios y ventajas egoístas, no sólo de naturaleza económica sino también, y muy importante, de legitimidad política y social, con impactos perversos y duraderos sobre las instituciones involucradas.[25]

La RCE se relaciona con la captura instrumental de las instituciones que son críticas para el sistema social – como partidos políticos, organizaciones civiles, medios de comunicación, entre otros – con el objetivo de reproducir y legitimar procedimientos ilegales y beneficios/ventajas egoístas y excluyentes.[26]

---

24 Garay Salamanca, L. J & Salcedo Albarán, E. (2016). *Macro-criminalidad: Complejidad y Resiliencia de las Redes Criminales*. Bloomington: iUniverse, p. 9.
Garay Salamanca, L. J., Salcedo-Albarán, E., & De León Beltrán, I. (2010). *Illicit Networks Reconfiguring States: Social Network Analysis of Colombian and Mexican Cases*. Bogotá: Método Foundation.
25 Garay Salamanca, L. J., & Salcedo-Albarán, E. (2015). *Drug Trafficking, Corruption and States: How Illicit Networks Shaped Institutions in Colombia, Guatemala and México*. iUniverse.
26 Garay Salamanca, L. J., & Salcedo-Albarán, E. (2012). *Narcotráfico, corrupción y Estados*. Bogotá: Debate.
Garay Salamanca, L. J., & Salcedo-Albarán, E. (2015). *Drug Trafficking, Corruption and States: How Illicit Networks Shaped Institutions in Colombia, Guatemala and México*. iUniverse.

Cooptación Institucional

A pesar de que las categorías originales se refieren a la captura y cooptación del Estado, como resultado de análisis empíricos e investigaciones adicionales se ha verificado que estos procesos no sólo ocurren en instituciones de la administración pública, sino que también tienen lugar en instituciones de naturaleza privada. Por esta razón, las categorías de captura y cooptación son válidas no sólo para el Estado, también para otras instituciones privadas, ampliamente denominadas como Reconfiguración Institucional Cooptada (RIC) – o brevemente, "Cooptación Institucional" –. El caso analizado en este libro ilustra este tipo de cooptación institucional pública y privada.

De hecho, CE, RCE y RIC son escenarios sociales en los cuales agentes públicos y privados legales, como candidatos, funcionarios públicos y empresarios, cooptan no sólo a agentes legales sino también a agentes ilegales – como traficantes de drogas – y viceversa; este proceso resulta en una coordinación o cooptación de intereses egoístas mutuos.

Una elevada proporción de los agentes involucrados en un esquema de Cooptación Institucional, pueden ser definidos como "grises" u "opacos". Para comprender qué es un agente "gris", es necesario reconocer que el "rol funcional/institucional de un agente se define con referencia a cualquier acción dirigida a la promoción u obstrucción de algunas instituciones formales o informales, ya sean legales o ilegales. Esas instituciones formales e informales pueden ser socialmente benéficas o perversas; por lo tanto, el rol funcional/institucional (de un agente) puede ser evaluado moral y socialmente de acuerdo con los beneficios sociales generados".[27]

El análisis de los roles funcional/organizacional y funcional/institucional permite diferenciar entre un agente completamente legal ("claro"), un agente completamente ilegal ("oscuro") o un agente indefinido ("gris"), así: (i) Un agente legal ("claro") es el que pertenece a una organización legal y desempeña un rol funcional/institucional legal; (ii) un agente ilegal ("oscuro") es aquel que pertenece a una organización ilegal y desempeña un rol funcional/institucional ilegal, obstruyendo y promoviendo el incumplimiento de las instituciones legales, mientras contribuye al cumplimiento de roles funcionales/institucionales ilegales, y (iii) un agente indefinido ("gris") es aquel cuyo ejercicio de funciones no cae bajo ninguna de las situaciones previas. Un ejemplo básico de agente indefinido ("gris") es un oficial de tráfico que, perteneciendo a una organización legal, obstaculiza el cumplimiento de las leyes de tránsito".[28]

Macrocorrupción Sistémica y Cooptación Institucional: un fenómeno singular e innovador

Conceptualización básica

La llamada "macrocorrupción sistémica", que no se restringe a la acepción corriente de "Gran Corrupción", presente en casos como el que aquí se analiza, es un

---

27 Garay Salamanca, L. J. & Salcedo-Albarán, E. (2012). *Narcotráfico, corrupción y Estados.* Bogotá: Debate. p. 49.
28 Garay Salamanca, L. J. & Salcedo Albarán, E. (2016). *Macro-criminalidad: Complejidad y Resiliencia de las Redes Criminales.* Bloomington: iUniverse.

fenómeno complejo, macro-ilícito o macro-criminal, dadas sus dimensiones sistémicas y transnacionales. Este fenómeno consiste en la participación activa de diversos agentes sociales e instituciones poderosas, públicas y privadas, escalas y territorios a través de procedimientos, acuerdos y mecanismos innovadores.

La macrocorrupción aquí analizada trasciende el concepto académico tradicional que hace alusión a situaciones esporádicas, no sistemáticas, entre dos agentes individuales (personas) corruptos a través del soborno, para obtener beneficios económicos egoístas e injustificables.

Por el contrario, el proceso de macrocorrupción se caracteriza por la participación sistemática, planeada y coordinada de múltiples agentes que pueden ser (i) públicos o privados, (ii) individuos u organizaciones tales como empresas privadas, y (iii) legales, ilegales o "grises", para ejecutar diversas acciones, actividades, relaciones o acuerdos. La macrocorrupción usualmente implica la manipulación de normas y procedimientos, tales como los procesos de contratación pública, el lavado de dinero a través de operaciones financieras nacionales y transnacionales que obstaculizan el seguimiento de las autoridades locales/ nacionales, el establecimiento de "empresas fachada" y la colocación de recursos financieros "offshore", no sólo para obtener ganancias a corto plazo, sino también para cooptar instituciones y establecer relaciones estables con partidos políticos y sus líderes mediante el financiamiento de campañas electorales, por ejemplo, con la consecuente selección, cooperación y permanencia estratégica de determinados funcionarios públicos de alto rango en empresas estatales e instituciones públicas clave.

Dada la complejidad transnacional del fenómeno, se requiere la formulación de un nuevo enfoque heurístico, necesario para comprender su funcionamiento sistémico y multinivel como un sistema integral de agentes, propósitos, acciones/actividades, instituciones y territorios, entre otros elementos. En este sentido, es importante reemplazar el enfoque epistemológico clásico del caso-por-caso, por un enfoque afín a la naturaleza real y compleja de fenómeno de macrocorrupción y cooptación institucional. Además, entre otras estrategias, los códigos legales tradicionales y las medidas anticorrupción, civiles y penales, deberían ser reformuladas drásticamente, lo que será detallado en el último capítulo.

Como el lector observará en los siguientes capítulos, la red de corrupción de "Lava Jato" es un ejemplo representativo de un tipo de cooptación institucional y de macrocorrupción sistémica.

Consecuencias de la Macrocorrupción Sistémica y la Cooptación Institucional

Como es de esperarse, mientras más avanzado y complejo sea el proceso de macrocorrupción y cooptación institucional en términos de (i) el espectro de instituciones, actividades y mercados afectados – lícitos e ilícitos/criminales –, (ii) la variedad y el número de agentes poderosos involucrados que incluyen empresas e individuos como empresarios, políticos y funcionarios de alto rango, (iii) la diversidad de tipos de relaciones sociales – políticas, empresariales, burocráticas, institucionales, etc. –, (iv) el alcance de los medios y propósitos, (v) el grado de transnacionalización operativa, y (vi) el nivel de sistematicidad, con sus múltiples impactos sobre la política, la economía y el régimen social. Una vez que el proceso alcanza cierto nivel de desarrollo, es probable que altere de manera drástica las bases fundamentales no sólo del Estado de derecho, sino también del régimen de mercado capitalista y el sistema democrático mismo.

En última instancia, la "Macrocorrupción" y la "Cooptación Institucional" contribuyen a establecer un sistema corporativo regido por intereses egoístas de capitalistas, políticos, y partidos políticos poderosos, aliados entre sí y en contra de intereses sociales perdurables. Debido a la cooptación de instituciones clave, estos agentes coludidos reproducen mercados instrumentales que no están regidos por la libre competencia entre agentes económicos individuales – la contratación pública es quizás el tipo más conocido de mercado instrumental –, sino por la imposición basada en el poder político y económico de los agentes miembros del sistema corporativo dominante. Estos agentes operan a través de diversos medios, desde tipos diferentes de corrupción y cooptación hasta incluso coacción e intimidación.

Debido a que los agentes poderosos del sistema corporativo dominante deben garantizar una representación y reproducción efectiva y sostenible de sus intereses políticos y económicos mutuos en determinadas instituciones públicas clave – como la Presidencia o el Congreso, entre otros –, requieren capturar y cooptar procesos electorales impulsando a políticos y partidos políticos aliados en la contienda electoral a través de mecanismos tales como el financiamiento de campañas y de partidos políticos. En casos extremos, estos agentes hacen uso de la violencia e intimidación.

Una de las principales características de este tipo de procesos es su resiliencia. Dicha resiliencia muestra el grado de dificultad que se presenta cuando se pretende revertir el proceso hacia una situación original o alternativa de consolidación institucional legítima. En consecuencia, es necesario acudir a transformaciones sociales estructurales y reformas decisivas en múltiples ámbitos de las esferas política, económica, social y cultural. En el capítulo 10 se mencionan algunas de las transformaciones y reformas requeridas.

Como podrá deducirse de los capítulos 3 a 8, la estructura criminal "Lava Jato" es un caso de un sistema cleptocrático corporativo relativamente avanzado, pero aún sin alcanzar un estadio en el que algunas instancias de instituciones clave como la judicial hubieran sido cooptadas suficientemente como para favorecer los intereses perdurables de esta red ilícita de macrocorrupción y cooptación institucional en Brasil.

Por otro lado, es necesario aclarar algunas de las consecuencias más importantes de una cooptación institucional del Estado relativamente avanzada por parte de intereses privados egoístas y excluyentes, bajo un sistema corporativo cleptocrático Por ejemplo, "(...) descomponer la sociedad y los mercados, (...) los partidos políticos, las clases sociales y las adscripciones ideológicas",[29] promoviendo adscripciones sociales y políticas dobles, trae como consecuencia la fragmentación y el debilitamiento

---

29 Garay Salamanca, L. J. (1999). *Construcción de una nueva sociedad.* Tercer Mundo Editores-Cambio. Bogotá, y Garay Salamanca, L. J. (2014). "Sobre la problemática de la propiedad y el uso de la tierra en un contexto de usufructo del poder y la violencia como en Colombia. A propósito de algunas perspectivas clásicas de economía política". Bogotá, agosto ((publicado recientemente, marzo 2018, como Working Paper de la Fundación Vortex).

del sistema democrático y el régimen de mercado, lo que lleva a reproducir valores y comportamientos contra: (i) la cultura cívica y las capacidades morales de los ciudadanos, (ii) la preeminencia de la esfera pública y los intereses públicos sobre los intereses privados egoístas, y (iii) la consolidación de un mercado equitativo y competitivo y de un orden democrático en sus instancias económica, política y social.

Por ende, el respeto a la ley y la fidelidad de los ciudadanos al Estado se ven afectadas al fortalecer el individualismo instrumental y al debilitarse el Estado a través de su captura o cooptación institucional, a niveles que superan el fenómeno básico del clientelismo. Simultáneamente se reproduce la tendencia a concentrar indebidamente el poder y las oportunidades políticas y económicas, y a agravar el nivel de pobreza y desigualdad económica, en la dirección opuesta requerida para la construcción y profundización de una democracia real y un sistema de mercado competitivo. Además, contribuye al empoderamiento y reproducción de fenómenos de ilegalidad, como lo es la macrocorrupción, y a la degradación de la debida legitimación y observancia del Estado de derecho.

En consecuencia, dado que algunos mercados están regulados no por la libre competencia entre agentes económicos sino por la coacción y la imposición de intereses privados poderosos, rompiendo los principios de equidad, confianza y reciprocidad, se reproduce una tendencia a crear "mercados instrumentales inequitativos" en lugar de "mercados equitativos de libre competencia". Dicha situación favorecería la preeminencia de prácticas irregulares, ilícitas y delictivas en el funcionamiento de los mercados y, como consecuencia, conduciría a la quiebra de las bases del régimen de libre mercado.

Capítulo 2. Corrupción en Brasil

Dos de los indicadores de corrupción más aceptados a nivel mundial son los Indicadores de Gobernabilidad generados por el Banco Mundial y el Índice de Percepción de la Corrupción (PIC) propuesto por Transparencia Internacional. Este último ha sido interpretado como un indicador relativamente confiable dado que los estudios comparativos han demostrado que las personas comparten una noción relativamente similar de corrupción en diferentes culturas;[30] sin embargo, se considera que su capacidad explicativa disminuye severamente en regímenes híbridos y en las llamadas "democracias jóvenes" en las que el comportamiento corrupto se hubiera heredado de regímenes autoritarios.[31]

Con respecto a los Indicadores de Gobernabilidad, se destaca el indicador de "control de la corrupción" que refleja cómo expertos internacionales y personas encuestadas interpretan la calidad de las medidas anticorrupción.[32] En el caso de Brasil, este indicador específico ha disminuido

---

30 Tverdova, Y. V. (2011). "See No Evil: Heterogeneity in Public Perceptions of Corruption." *Canadian Journal of Political Science / Revue canadienne de science politique,* 44(1), 1-25. p. 17.

31 Sharafutdinova, G. (2010). "What Explains Corruption Perceptions? The Dark Side of Political Competition in Russia's Regions". *Comparative Politics,* 42(2), 147-166.

32 Kaufmann, D., Kraay, A., & Mastruzzi, M. (2010). "The Worldwide Governance Indicators: Methodology and Analytical Issues." *World Bank Policy Research Working Paper No. 5430.*

desde 2011, cuando se registró el nivel más alto de la década 2006-2016, con 63 puntos. De hecho, 2016 es el año con el indicador más bajo con 38 puntos, puntaje más bajo que el promedio de 54 puntos registrado en América Latina.

La tendencia decreciente del indicador coincide con los escándalos revelados durante las operaciones de la investigación "Lava Jato", dado que no informa sobre el nivel de corrupción sino sobre la calidad de los controles; esta coincidencia podría reflejar frustración con la baja calidad de los controles antes de que estallaran los escándalos. En este sentido, probablemente pasarán años antes de que dicho indicador aumente como resultado de la apreciación hacia las medidas judiciales que las autoridades brasileñas deban adoptar para enfrentar efectivamente la corrupción.

Por otro lado, el Índice de Percepción de la Corrupción ha oscilado entre 38 puntos en 2011 y 40 puntos en 2016, lo que significa que no se habría visto afectado de manera drástica por los escándalos de macrocorrupción revelados recientemente. De hecho, con 40 puntos y el puesto 79 entre 176 países, en 2016 Brasil continuó registrando mejor indicador que Paraguay con 30 puntos y puesto 123, Bolivia con 33 puntos y puesto 113, Perú con 35 puntos y puesto 101, y Colombia con 37 puntos y puesto 90. A pesar de todo, entre sus países vecinos, Brasil solo se encuentra detrás de Uruguay con 71 puntos y puesto 21.[33]

---

33 Transparency International (2017). "Corruption Perception Index for 2016 by Transparency International." Retrieved from: https://transparencia.org.es/wp-content/uploads/2017/01/tabla_sintetica_ipc-2016.pdf

Sector Público

La literatura especializada sobre gran corrupción es escasa en Brasil. No obstante, como concepto general, la corrupción ha sido explorada desde varios ángulos. En cuanto a investigaciones de carácter cuantitativo, Antonio Carlos de Azevedo y Maria Fernanda Colaco han estudiado los vínculos existentes entre las enmiendas parlamentarias relativas a la eliminación, modificación o adición de las claúsulas los contratos de proyectos públicos o a los presupuestos federales, y los episodios de corrupción a nivel municipal en Brasil. En su investigación observan cómo varios funcionarios públicos introdujeron enmiendas a los proyectos de inversión pública para enriquecerse ilícitamente.[34]

A través de estadísticas del Programa de la Contraloría Nacional contra la Corrupción, como los sorteos públicos para la vigilancia, los autores evalúan la hipótesis de que los municipios que reciben enmiendas presupuestarias muestran un desempeño más corrupto. Después de dar seguimiento a las variables socioeconómicas y políticas de las ciudades que recibieron fondos para enmiendas, se encuentra que sus tasas de corrupción eran 25% más altas que el caso de otras ciudades incluidas en la muestra. Según estos datos, los autores argumentan que la corrupción aumenta cuando los municipios reciben transferencias monetarias extraordinarias. Desde la perspectiva de los autores, la corrupción estaría directamente relacionada con la fragilidad institucional, lo que permite que la ejecución del presupuesto federal se vea afectada por unos pocos

---

34 Ferraz, C., & Finan, F. (2011). "Electoral Accountability and Corruption: Evidence from the Audits of Local Governments". *American Economic Review, 101(4)*.

funcionarios públicos que buscan beneficios egoístas e injustificados para sí mismos.

A su turno, Sergio Praça analiza la relación hipotética entre corrupción y diseño institucional, centrándose tanto en el impacto directo de la corrupción en los procesos presupuestarios como en los efectos indirectos de buscar publicitar los escándalos de corrupción en el diseño institucional. En la primera etapa, se define la corrupción como una variable dependiente, centralizada o descentralizada, y en la segunda etapa se aborda la corrupción como una variable independiente. El autor concluye que las instituciones descentralizadas tienden a observar menos casos de corrupción y que la exposición de los escándalos de corrupción puede promover cambios institucionales que afectarían considerablemente los procesos presupuestarios.[35]

Desde otra perspectiva, con base en análisis de economía y ciencia política, Claudio Ferraz y Frederico Finan argumentan que los ciudadanos votan como una decisión racional para favorecer a los candidatos no asociados a la corrupción.[36]

Por otra parte, Emilson Lopes investiga los escándalos de corrupción política en Brasil desde una perspectiva sociológica. El autor argumenta que el fenómeno de la corrupción se entiende mejor si es abordado desde la lógica moral de las personas que cometen tales acciones, o cómo esos actores justifican sus acciones de corrupción,

---

35 Praça, S. (2011). "Corrupção e reforma institucional no Brasil", 1988-2008. *Opiniao Publica*. Vol. 17 Issue 1, 137-162.
36 Ferraz, C., & Finan, F. (2011). "Electoral Accountability and Corruption: Evidence from the Audits of Local Governments". *American Economic Review*, 101(4).

concluyendo que las personas implicadas en actos de corrupción argumentan que existe una perspectiva moral que alivia la responsabilidad individual, al punto de considerar un fracaso su incapacidad de saber "cuándo detenerse".[37]

Ahora bien, desde una perspectiva judicial, Mariana Prado, Lindsey Carson e Izabela Correa sostienen que en Brasil la lucha contra la corrupción ha progresado sustancialmente, en términos de la adopción de sistemas innovadores de supervisión e investigación, aunque reconocen que estos controles no han terminado de persuadir a los agentes corruptos. Para las autoras, esto se explica en parte por las fallas en los arreglos institucionales prevalecientes, como la mala articulación entre las instituciones de investigación y la judicatura, organismo judicial encargado de establecer sanciones. También aducen que la judicatura es una institución débil y, por lo tanto, ante las limitaciones de los tribunales brasileños, las penas contra la corrupción resultan ser más dependientes de las sanciones administrativas que de las penales.[38]

Relacionado con lo anterior, de acuerdo a Fernando Filgueiras y Ana Luiza Melo, con el propósito de combatir la corrupción, Brasil ha experimentado varias reformas institucionales desde 1990 mediante las cuales se han aplicado diferentes innovaciones en la administración pública. La reorganización administrativa se ha centrado en funcionarios públicos de alto rango, teniendo un impacto mínimo en los niveles administrativos de rango medio y

---

37 Lopes, E. (2010). "As gramáticas morais da corrupção: aportes para uma sociologia do escândalo". *Teoria Política e Social na Contemporaneidade*, 126–147.
38 Mota Prado, M., Carson, L., & Correa, I. (2015). "The Brazilian Clean Company Act: Using Institutional Multiplicity for Effective Punishment". *Osgoode Legal Studies Research Paper*, 48.

bajo. Las prácticas de soborno entre funcionarios públicos y ciudadanos siguen siendo comunes hasta tal punto que las reformas en la administración pública no han producido transformaciones relevantes en la percepción sobre la corrupción que tienen los ciudadanos brasileros.[39]

Organizaciones Privadas y Sistemas Políticos

En cuanto a la corrupción en las organizaciones privadas, Renato Almeida, Arnoldo de Hoyos, Cristina Sanches y Ben Hur Ferraz evalúan que la susceptibilidad de los líderes para romper las reglas organizacionales que comprometen valores éticos. Esta investigación cuantitativa, basada en el análisis estadístico social y con datos descriptivos proporcionados por una empresa especializada en la reducción de riesgos, Tic Global, analiza una muestra de 74 empresas privadas con sede en Brasil y 7276 personas vinculadas a ellas. De acuerdo con los indicadores examinados, se sugiere que los líderes de las organizaciones tienden a relajar sus principios éticos debido a las rutinas profesionales cotidianas.[40]

Buscando comprender las posibles causas de la corrupción en Brasil, Mariana Batista formula una hipótesis según la cual la corrupción ha penetrado sectores enteros del Estado mediante redes que involucran agentes públicos y privados. Para estudiar este fenómeno, Batista analiza la la dinámica de competencia política en Brasil, siguiendo

---

39 Filgueiras, F., & Aranha, A. (2011). "Controle da corrupção e burocracia da linha de frente: regras, discricionariedade e reformas no Brasil". *Dados*, 54.
40 Almeida dos Santos, R., de Hoyos Guevara, A. J., Sanches Amorim, M. J., & Ferraz-Neto, B. (2012). "Compliance and leadership: the susceptibility of leaders to the risk of corruption in organizations". *Einstein* (São Paulo) vol.10 no.1.

la definición de Shleifer y Vishny: "definimos corrupción gubernamental como la venta, por oficiales del gobierno, de propiedad de Gobierno para obtener ganancia privada", entendiéndose por propiedad de Gobierno aquello que un oficial de gobierno administra y, por lo tanto, puede vender para obtener beneficio propio como, por ejemplo, "permisos y licencias, pases a través de aduanas, o prohibir la entrada de competidores".[41] En este sentido, para Batista la corrupción consiste en "cualquier transacción entre un político y un actor privado, en la que la propiedad de Gobierno está en juego y el político recibe algún beneficio personal a cambio".[42]

Para determinar la influencia sobre la corrupción política de las variables (i) reelección, (ii) margen de victoria, (iii) fuerza de oposición y (iv) coalición partidista, la autora analiza datos generados por el Instituto Brasileño de Geografía y Estadística [Instituto Brasileiro de Geografia e Estatística] y el Tribunal Superior Electoral.

En cuanto a la primera variable, la reelección,[43] Batista evidencia cómo los alcaldes reelegidos se caracterizan por niveles más altos de corrupción durante su segunda administración, sugiriendo que los políticos que se postulan para la reelección tienen más probabilidad de ser corruptos. A pesar de estar relacionado con datos brasileños, este hallazgo es relevante para comprender por qué se observan altos niveles de corrupción en países donde los alcaldes

---

41 Shleifer, A. & Vishny, R. (1993). "Corruption". *The Quarterly Journal of Economics.*Vol. 108, No. 3.
42 Batista, M. (2013). "Incentivos da dinâmica política sobre a corrupção, Reeleição, competitividade e coalizões nos municípios brasileiros". *Revista Brasileira de Ciências Sociais*, 87–106
43 Usando datos del IBGE, Perfil de los Municipios de Brasil.

pueden ser reelectos sin límite de términos, como en Guatemala, por ejemplo.

Batista analiza la segunda variable, margen de victoria, en relación con la competitividad electoral bajo la regla de la mayoría a nivel de los municipios brasileños. Dado que las elecciones para alcalde aumentan la incertidumbre sobre resultados electorales, la competitividad electoral es una restricción al comportamiento corrupto, ya que la corrupción puede resultar en la pérdida de votos para el candidato. Según datos del Tribunal Superior Electoral, existe la tendencia a un mayor nivel de corrupción ligado al objetivo de garantizar un mayor margen de victoria electoral.[44]

Batista define la tercera variable, la fuerza de oposición, como la función de monitoreo y rendición de cuentas ejercida por los partidos de oposición sobre la administración pública. La hipótesis de la autora es que si un gran número de parlamentarios miembros de la oposición enfrenta a un alcalde, podría aumentar los costos de la corrupción pública. Asimismo, que una oposición menos fragmentada puede promover comportamientos más restrictivos de los gobernantes, teniendo en cuenta que contar con más partidos reduce los costos de acción colectiva; por lo tanto, un mayor número de partidos dispersos en la fuerza de la oposición tiende a favorecer mayores niveles de corrupción.[45]

La cuarta variable, coalición política, es particularmente importante para comprender la estructura del tráfico de influencias y el pago o intercambio de favores políticos que

---

44 Batista, M. (2013). "Incentivos da dinâmica política sobre a corrupção, Reeleição, competitividade e coalizões nos municípios brasileiros". *Revista Brasileira de Ciências Sociais*, 87-106.
45 Ibid.

ocurren en el sistema político brasileño. En los sistemas políticos municipales, asevera Batista, los votantes tienden a elegir al alcalde, mientras los miembros de la coalición tienden a elegir al legislativo mediante el método proporcional. Por lo tanto, la concentración de la responsabilidad política puede verse potenciada por una coalición multipartidista que afecte el control del gobierno interino por parte de la oposición y las coaliciones. El intercambio de favores y privilegios entre el poder ejecutivo y su coalición multipartidista es también relevante, considerando que un conjunto de partidos con diferentes posiciones programáticas y preferencias son parte del gobierno y, en consecuencia, pueden ejercer control sobre los recursos políticos y económicos.[46]

Según Batista, "un gobierno de coalición debe entenderse como un gobierno con varios partidos en el poder",[47] lo que significa que varias partes tienen el control de las rentas y privilegios, facilitando así la reproducción de prácticas corruptas.

Elección de políticos corruptos

En cuanto a la cuestión de por qué las personas eligen a políticos corruptos, se ha argumentado que un mayor nivel de corrupción percibida suele afectar la participación electoral pues a medida que aumenta la corrupción, disminuye el porcentaje de votantes. Sin embargo, en diferentes países – incluido Brasil – (i) constantemente se revelan escándalos de corrupción y (ii) los tipos principales

---

46 Ibid.
47 Ibid., p. 100.

de corrupción se vuelven progresivamente complejos. De hecho, las situaciones de corrupción parecen haberse agravado en Brasil después de la transición a la democracia. Entonces, para responder a la pregunta inicial de por qué continúa eligiéndose a funcionarios públicos corruptos, Winters y Weitz-Shapiro proponen dos explicaciones: primero, una hipótesis relacionada con la información mediante la cual se argumenta que los votantes eligen a políticos corruptos cuando carecen de información suficiente para reconocer la participación del candidato en actos de corrupción; y segundo, una hipótesis de compensación por la cual se declara que los candidatos corruptos son elegidos porque los votantes esperan "que los beneficios generales de tener a determinado político en un cargo público serán mayores que el costo asociado con la corrupción".[48]

Al menos en principio, la popular idea de "rouba, mas faz" [roba, pero hace] apoyaría la hipótesis de compensación en Brasil. De hecho, las encuestas de 2000, 2002 y 2007 mostraron que "un político que lleva a cabo muchas obras públicas, incluso si roba un poco, es mejor que un político que lleva a cabo algunas obras públicas y no roba en absoluto".[49]

En contraste, después de recolectar datos en Brasil, los autores encuentran evidencia de que los brasileros son altamente sensibles a la información sobre corrupción y reaccionan negativamente a los funcionarios corruptos incluso si las administraciones a las que hubieran estado vinculados se caracterizaban por el suministro de bienes

---

48 Weitz-Shapiro, R., & Winters, M. S. (2013). "Lacking information or condoning corruption: When will voters support corrupt politicians?" *Comparative Politics* 45 (4), 418-436.
49 Ibid., p. 418.

y servicios públicos; lo anterior apoyaría la hipótesis relativa a la información, aunque los datos muestran que las reacciones negativas disminuyen entre los sectores de la población con menores ingresos.

Corrupción en Brasil antes de "Lava Jato": *Mensalão* y el *Partido dos Trabalhadores*

En octubre de 2002, Luiz Inácio Lula da Silva fue elegido presidente de Brasil. Como líder del Partido dos Trabalhadores [Partido de los Trabajadores, PT] y como hombre proveniente de la clase trabajadora, representó las ideas de una izquierda renovada, aparentemente más democrática e inclusiva, que promovía un "nuevo sindicalismo". Temiendo previsiones perjudiciales en el mercado, su eventual elección causó fuertes reacciones negativas entre los sectores de derecha en Brasil. No obstante, y contra dichos pronósticos, Brasil experimentó una expansión económica sobresaliente entre 2003 y 2013.[50] Aun así, el crecimiento económico brasilero y la legitimidad institucional se vieron amenazados por prácticas de corrupción fuertemente arraigadas que, probablemente, aumentaron durante los últimos gobiernos.

Las agendas políticas de Lula da Silva y Rousseff generaron optimismo en lo relativo a la resolución de los problemas que aquejaban al país, incluida la corrupción crónica; sin embargo, los escándalos que ahora involucran a ambos ex presidentes son muestra de que ésta habría corroído instituciones democráticas nucleares como la Presidencia y el Congreso de Brasil, deteriorando aún más

---

50 World Bank. (2017). *World Development Indicators GDP Brazil.* Source: https://goo.gl/jcSgqt

su democracia imperfecta y el nivel de legitimidad de las instituciones políticas.

Aun cuando Brasil ha enfrentado la corrupción durante la mayor parte de su historia política, el tema adquirió una posición particularmente prominente en la agenda política del país a partir de su retorno a la democracia en 1988. Numerosos escándalos a nivel federal, estatal y municipal, así como en diferentes ramas de la administración pública, confirman que la corrupción sigue siendo un fenómeno prominente del sistema político del país.[51] Un caso emblemático tuvo lugar en 2002 cuando Fernando Collor, el primer presidente elegido democráticamente después de más de veinte años de dictadura militar, fue removido del poder después de probar su participación en un esquema corrupto de tráfico de influencias para beneficio privado.[52]

Más recientemente, en mayo de 2005 salieron a la luz las primeras revelaciones de un escándalo de corrupción en el que estarían involucrados Lula da Silva y otras figuras del Partido dos Trabalhadores, lo que llevó a una crisis descrita como "la más extensa en toda la historia de la República de Brasil".[53] El escándalo se conoció como "Escândalo do Mensalão", el cual consistió en una serie de pagos injustificados para financiar ciertas campañas políticas y

---

51 Carson, L., & Mota Prado, M. (2014). "Mapping corruption and its institutional determinants in Brazil. International Research Initiative on Brazil and Africa". *IRIBA* Working Paper: 08.

52 Hipólito, M. (2016). "Democracy in Brasil: Has anything changed since the early 1990s?" Latin American Research Centre. July. University of Calgary. Disponible en: https://larc.ucalgary.ca/publications/democracy-brazil-has-anything-changed-early-1990s

53 Flynn, P. (2005). "Brazil and Lula, 2005: crisis, corruption and change in political perspective". *Third World Quarterly*, 26(8), 1221-1267(47). Disponible en: https://doi.org/10.1080/01436590500400025

asegurar la lealtad al gobierno y las alianzas entre algunos partidos políticos y el Partido dos Trabalhadores.[54]

En el primer capítulo del "Escândalo do Mensalão", las autoridades encontraron pagos mensuales de aproximadamente USD\$ 47,731.00 a los diputados aliados del gobierno, a cambio de su apoyo político. Además, en el Estado de Minas Gerais se estableció un esquema ilegal de recaudación de fondos para la campaña del gobernador Eduardo Azeredo en 1998, quien buscaba la reelección en dicho Estado. En ambos casos, 1998 y 2005, el publicista Marcos Valério fue identificado como coordinador y administrador de los recursos asignados.[55]

Durante la investigación, la Policía Federal confirmó la operación de un esquema de pago de sobornos que involucraba al Gobierno del Distrito Federal (GDF), contratistas de servicios y proveedores que pagaban para obtener ventajas indebidas. Entre las empresas involucradas estuvieron Infoeducacional, Vertax, Adler y Linknet. Asimismo, se presume la participación de más de doce partidos políticos en dicho esquema, especialmente miembros del Partido del Movimiento Democrático Brasileño (PMDB) y el Partido Liberal en la Cámara de Diputados; en total, 40 individuos participaron en el caso.

Tanto el demandado como otros integrantes del PT declararon que el presidente de la República (Lula da Silva) y el liderazgo nacional del PT no conocían esquema

---

54 El País (Mar 31, 2006). "El Congreso brasileño pide el procesamiento de decenas de políticos". Disponible en: https://elpais.com/diario/2006/03/31/internacional/1143756016_850215.html
55 Jusbrasil (2010). "Doze partidos têm histórico de "mensalões". Fuente: https://oab-ma.jusbrasil.com.br/ noticias/2027976/doze-partidos-tem-historico-de-mensaloes

de pagos y beneficios alguno para comprar apoyo político entre los miembros del Poder Legislativo.[56] El presidente del Partido Liberal, por su parte, declaró lo contrario argumentando que Lula da Silva conocía la asociación ilícita desde el comienzo de su mandato;[57] no obstante, la participación de Lula en ese caso particular no ha sido confirmada.

El juicio de Mensalão comenzó en agosto de 2012 en el Tribunal Supremo Federal (STF), siete años después de la denuncia inicial. Para ese momento habían 38 individuos en el juicio, después de que uno de ellos falleciera en 2010 y a otro se le absolviera del procedimiento. Al final, 27 individuos fueron condenados por acusaciones de corrupción activa y pasiva, lavado de dinero, malversación de fondos, evasión de impuestos, infracciones en el manejo de divisas y crimen organizado. José Dirceu, ministro de la Casa Civil, Delúbio Soares, tesorero del PT, y José Genoino, presidente del PT, tuvieron condenas de prisión, al igual que otros empresarios involucrados en la acusación.[58]

El juicio del Mensalão reveló varios escándalos de corrupción en las instituciones públicas brasileras. Existían esquemas de pago ilegales que incluían sobornos, fraudes y transacciones sospechosas, así como esquemas clandestinos que compartían un elemento en común: cantidades importantes de dinero que circulaban entre instituciones y agencias públicas y el PT [Partido dos Trabalhadores]. Después de dos años de investigaciones relacionadas con miembros del PT, en 2014 la Operación "Lavado de Autos"

---

56 Ibid.

57 El País (2006). "El Congreso brasileño pide el procesamiento de decenas de políticos". 31 de marzo. Disponible in: https://elpais.com/diario/2006/03/31/internacional/1143756016_850215.html

58 Jusbrasil (2010). "Doze partidos têm histórico de "mensalões". Source: https://oab-ma.jusbrasil.com.br/noticias/2027976/doze-partidos-tem-historico-de-mensaloes

["Lava Jato"] reveló una estructura masiva de corrupción que condujo, entre otros factores, a la crisis política y económica actual en Brasil, involucrando a funcionarios gubernamentales, líderes empresariales y la compañía petrolera estatal Petrobras. Más de 100 personas de interés, incluidos políticos de alto nivel y altos ejecutivos de algunas de las empresas más poderosas de Brasil, fueron encarceladas durante la investigación en curso del escándalo de Petrobras. Además, otras 16 empresas aún están siendo procesadas.[59]

En el momento de la investigación judicial "Lava Jato", Dilma Rousseff ocupaba la presidencia y Brasil enfrentaba una de las peores recesiones económicas de los últimos años, agravada no sólo por un alto déficit fiscal, sino también por un rápido aumento de la deuda pública y su servicio (total pago de intereses y amortizaciones). Además, el PIB se contrajo un 5.9 por ciento en el cuarto trimestre de 2015, empeorando la caída del 4.5 por ciento en el tercer trimestre, la contracción más fuerte en un trimestre desde principios de la década de 1990, cuando Brasil aún luchaba contra la hiperinflación. Desde el primer trimestre de 2014 hasta el cuarto trimestre de 2015, el PIB cayó un 7.2 por ciento, afectando severamente el consumo privado y la inversión. De hecho, el consumo privado disminuyó 6.8 en el cuarto trimestre de 2015, mientras que la formación bruta de capital fijo se contraía un 18.5 por ciento durante el mismo trimestre.[60]

Para enfrentar el deterioro de la situación económica, la ex presidenta Rousseff propuso un programa macroeconómico de ajuste para controlar la inflación

---

59 Hipólito, M. (2016). "Democracy in Brazil: Has anything changed since the early 1990s?" Latin American Research Centre. Source: https://larc.ucalgary.ca/publications/democracy-brazil-has-anything-changed-early-1990
60 Barua (2016). "Brazil: Yearning for the good times". *Global Economic Outlook*, Q2 2016. Deloitte University Press.

y reducir drásticamente los desequilibrios fiscal y externo. Sin embargo, los esfuerzos por contener el gasto y reducir la inflación no restablecieron la confianza de los inversionistas. Después de los intentos fallidos del gobierno para restaurar la economía, la popularidad de Rousseff se deterioró rápidamente.

Más tarde, durante el segundo año de su segunda administración, Rousseff fue acusada de manipular el presupuesto federal para ocultar el agravamiento del creciente déficit fiscal del país. La supervisión institucional sobre las acciones de los presidentes se fortaleció desde el incidente del ex presidente Collor, razón por la cual esas acciones presidenciales irregulares no se pasaron por alto. El 17 de abril de 2016, 367 de los 513 diputados de la Cámara Baja del Senado votaron a favor de su suspensión, y el 12 de mayo de 2016, la Cámara Alta aprobó una moción de acusación. Desde entonces, Rousseff ha sido reemplazada "temporalmente" por el vicepresidente Michel Temer.[61]

Durante los juicios de "Lava Jato", el ex presidente Lula da Silva fue sentenciado a nueve años de prisión por corrupción pasiva y lavado de dinero. La evidencia confirmaría sobornos por aproximadamente USD$ 1,1 millones pagados por la empresa OAS. Específicamente, esos sobornos fueron invertidos en una propiedad en Sao Paulo con la titularidad de OAS, habitada por Lula da Silva y su familia.[62] Al igual que en el incidente de Mensalão, la estructura de sobornos se estableció para lograr influencia en las decisiones

---

61 Hipólito, M. (2016). "Democracy in Brazil: Has anything changed since the early 1990s?" Latin American Research Centre. Source: https://larc.ucalgary.ca/publications/democracy-brazil-has-anything-changed-early-1990s
62 Gallas, D. (2017). "Brazil's Odebrecht corruption scandal". *BBC News*. Source: http://www.bbc.com/news/business-39194395

gubernamentales, reproducir alianzas políticas y garantizar beneficios personales.

Este esquema de sobornos a cambio de apoyo político puede representar un patrón de corrupción en Brasil, posiblemente consecuencia de un sistema de partidos altamente fragmentado, que obliga a los presidentes a establecer varias coaliciones para garantizar su gobernabilidad, reproduciendo el llamado "presidencialismo de coalición". Por ejemplo, Michel Temer, actual presidente de Brasil, fue el vicepresidente de Dilma Rousseff, a pesar de estar adscritos a partidos políticos históricamente antagónicos. La frágil alianza entre ellos finalmente terminó cuando Dilma Rousseff enfrentaba el proceso de juicio político, y Temer se declaró públicamente en su contra, haciendo todo lo que estuvo a su alcance para expulsarla de la presidencia.[63]

Otra característica política que puede estar afectando la transparencia de las instituciones políticas en Brasil, contribuyendo a la actual crisis política e institucional, es la influencia de las corporaciones privadas en las elecciones populares. Por ejemplo, compañías clave financiaron la campaña presidencial de 2010 en la que ganó Dilma Rousseff, proporcionando casi el 98% de las donaciones totales recibidas, al igual que casi el 96% de las de su principal oponente.

Las empresas brasileñas pueden proporcionar hasta el 2% de sus ingresos brutos anuales directamente a la financiación de candidatos, razón por la cual sus contribuciones tienen mucha más influencia que aquellas proporcionadas por

---

63 Hérmida, X. (May 19, 2017). "El Supremo de Brasil coloca a Temer al borde de la destitución". *El País*. Available in: https://elpais.com/internacional/2017/05/18/ actualidad/1495118590_847067.html

particulares. De hecho, durante las elecciones de 2006, el 55% de las donaciones a los candidatos federales se originaron en donantes corporativos, mientras que el 34% se originó en particulares.[64] Esta incidencia en los procesos democráticos se debe a que las empresas perciben las donaciones electorales como una inversión financiera para los intereses corporativos.[65]

Además del déficit económico y los escándalos de corrupción que sacudieron las instituciones democráticas brasileñas, la creciente falta de confianza en las instituciones políticas y el gobierno ha agravado la crisis actual. Según el Barómetro de Confianza Edelman 2014, Brasil exhibió la mayor brecha de confianza entre las empresas privadas y el gobierno en los países BRIC[66] con solo el 34% de los brasileros encuestados expresando confianza en su gobierno, en comparación con el 70% que confiaba en instituciones privadas comerciales.[67]

Desde 2013, el descontento social se expresó mediante protestas masivas contra el gobierno, cuando el país se preparaba para organizar la Copa Mundial de Fútbol 2014. Específicamente, en julio de 2013, más de 300,000 personas protestaron en Río contra la corrupción, la brutalidad policial, el detrimento de los servicios públicos y los gastos excesivos que generaba la Copa Mundial.[68]

---

64 Boas, T., Hidalgo, F., & Richardson, N. (2014). "The Spoils of Victory: Campaign Donations and Government Contracts in Brazil". *The Journal of Politics* 76(02). Source: https://www.researchgate.net/publication/267796197_The_Spoils_of_Victory_Campaign_Donations_and_Government_Contracts_in_Brazil
65 Mota Prado, M., Carson, L., & Correa, I. (2015). "The Brazilian Clean Company Act: Using Institutional Multiplicity for Effective Punishment". *Osgoode Legal Studies Research Paper*, 48.
66 Brazil, Russia, India, China.
67 Pew Global. (2014). "Brazilian Discontent Ahead of World Cup". Available in: http://www.pewglobal.org/2014/06/03/brazilian-discontent-ahead-of-world-cup
68 Watts, J. (2013). "Brazil erupts in protest: more than a million on the streets". *The Guardian*. Available in: https://www.theguardian.com/world/2013/jun/21/brazil-police-crowds-rio-protest

Cuatro años después, la movilización social seguía siendo la herramienta más utilizada para protestar contra la crisis social, económica y política en el país.

En 2017, las protestas se centraron en exigir el enjuiciamiento de Michael Temer por acusaciones de corrupción, lo que agravó la falta de popularidad del presidente tras anunciar la reducción en la inversión pública para enfrentar los desequilibrios macroeconómicos. Las movilizaciones sociales se acentuaron, y con ellas una respuesta negativa, a menudo violenta, por parte del gobierno. En mayo de 2017, por orden del presidente Michael Temer, un disturbio en Brasilia fue confrontado por el Ejército Nacional, decisión que dejó heridos a 49 ciudadanos y que produjo fuertes críticas entre la oposición y los partidos que todavía apoyaban al presidente.[69]

En resumen, los escándalos de corrupción que han involucrado a varios servidores públicos de alto rango y agentes corporativos clave, entre otras fracturas endémicas del sistema socioeconómico, han afectado la legitimidad de las instituciones, deteriorando la confianza en el gobierno y afectando los valores centrales de la democracia. Como se analiza en los siguientes capítulos, estas fracturas sociales, económicas y políticas se han agravado y se seguirán agravando a medida que la corrupción continúe permeando al núcleo de las instituciones públicas.

---

69 Bedinelli, T., & Benites, A. (2017). "Las protestas contra el presidente Temer paralizan el Gobierno de Brasil". *El País*. 25th May. Source:
https://elpais.com/internacional/2017/05/24/actualidad/1495652623_766724.html

Capítulo 3. La estructura de la Red "Lava Jato"

Análisis de Redes Sociales

El Análisis Social de Redes (ARS)[70] es una colección de procedimientos que facilita la comprensión de interacciones sociales entre individuos o grupos. En este libro, el ARS se complementa con protocolos desarrollados por Fundación Vortex para ilustrar cómo determinados agentes sociales interactuaron durante determinado período de tiempo con el fin de lograr objetivos ilícitos o criminales. Debido a las posibilidades de análisis y visualización que brinda este sistema, el ARS se ha utilizado para analizar la estructura y características de redes ilícitas y criminales.[71]

Los agentes sociales que hacen parte de la denominada red "Lava Jato" son clasificados en categorías que se explicarán en las siguientes secciones y se generarán de acuerdo con las fuentes analizadas. Las interacciones establecidas por esos agentes sociales también se clasifican en tres categorías

---

70 Social Network Analysis (SNA).
71 Morselli, C. (2008) *Inside Criminal Networks.* Montreal: Springer; Garay Salamanca, L. J. & Salcedo-Albarán, E. (2012). *Narcotráfico, corrupción y Estados.* Bogotá: Debate, y Johnson, J. A., R. J., Norwood, B. F., McCoy, D. M., Cummings, B., & Tate, R. R. (2013). "Social Network Analysis: A Systematic Approach for Investigating". *FBI Law Enforcement Bulletin.*

o dimensiones principales: (i) Interacciones económicas, que agrupan sub-categorías que consisten en movimientos de dinero y transacciones financieras, (ii) interacciones políticas, que agrupan las interacciones establecidas con y entre líderes políticos, candidatos y algunos funcionarios públicos y privados, y (iii) interacciones violentas y coercitivas. Aunque las interacciones se pueden clasificar generalmente en cualquiera de estas categorías, hay casos en los que se aplicaron categorías adicionales, las cuales serán explicadas a continuación.

A través de algoritmos complementarios, el ARS permite identificar a los agentes relevantes que intervienen en la red, las sub-redes y las estructuras emergentes; los tipos de agentes sociales y los tipos de relaciones a destacar. En el presente análisis, los agentes sociales "relevantes" son (i) el "centro" de la red, en el que se concentra la mayor proporción de interacciones directas y (ii) el "puente estructural" con la mayor capacidad para arbitrar el flujo de recursos de la red como dinero e información.

El Grafo

La estructura ilícita, incluso criminal, analizada en este libro requirió una elevada cantidad de interacciones de colaboración o confrontación, por lo que puede analizarse como una red social: "las redes sociales se pueden definir como un grupo de entidades colaboradoras (y/o competidoras) relacionadas entre sí".[72] Las redes sociales se analizan mediante nodos que representan individuos o empresas, y líneas o arcos que

---

72 den Bossche & Segers (2013). "Transfer of training: Adding insight through social network analysis". *Educational Research Review*. p. 39.

representan las interacciones o vínculos. Por lo tanto, "(...) una red se define como un conjunto de nodos conectados por enlaces".[73] Adicionalmente, individuos y empresas se consideran como entidades con agencia moral y, en esa medida, los nodos son aquí referidos como nodos/agentes.

La red "Lava Jato" fue modelada mediante una tecnología de análisis y gráficos desarrollada por Fundación Vortex. La tecnología, que consiste en protocolos para analizar, procesar y categorizar información, genera una base de datos de los nodos/agentes e interacciones que permite el posterior análisis de características relacionadas con determinados nodos/agentes o interacciones.

El primer protocolo para analizar fuentes de información consiste en identificar "relaciones" o "interacciones" entre dos nodos/agentes, de acuerdo con la siguiente estructura gramatical:

[[Nombre Nodo/Agente 1[Descripción Nodo/
Agente 1]][interacción[verbo/acción]][[Nombre
Nodo/Agente2 [Descripción Nodo/Agente 2]]]

Cada sección sintáctica de esta estructura gramatical se incluye y procesa en el sistema mediante protocolos específicos que consolidan la base de datos mencionada. Dicha base de datos es luego analizada a través de protocolos adicionales para generar gráficos de ARS, como los que se presentan en los siguientes capítulos, y para calcular e identificar la centralidad de cada nodo/agente.

---

73 Worell, J., Wasko, M., & Johnstn, A. (2013). "Social Network Analysis in Accounting Information Systems Research". *International Journal of Accounting Information Systems* (14), 127-137.

En este análisis, cada nodo representa un agente social; por lo tanto, el concepto de "nodo/agente" se usa para identificar a cada individuo o corporación que participa en la red. A su vez, cada línea que conecta dos nodos/agentes representa una interacción social, mientras que la flecha en la línea representa la dirección específica de esa interacción: "Por ejemplo, si el nodo/agente X interactúa con/hacia nodo/agente Z, entonces hay una flecha desde el nodo que representa X al nodo/agente que representa a Z".[74]

Indicadores de Centralidad Directa y de Intervención [*Betweenness*]

Es importante diferenciar dos significados de centralidad: Primero, el nodo/agente más conectado con los demás, y segundo, el nodo/agente con la mayor capacidad para intervenir o arbitrar las rutas de la red.

El indicador de centralidad directa permite identificar la cantidad de interacciones directas establecidas por cada nodo/agente. Por ejemplo, en la Figura 1 el nodo/agente 1 tiene 4 interacciones directas, mientras que los nodos 2, 3, 4 y 5 solo tienen una interacción directa con el nodo/agente 1. Dado que hay un total de 8 interacciones unidireccionales, el nodo/agente 1 concentra el 50% (4) del total de interacciones directas, mientras que cada uno de los nodos/agentes 2, 3 y 4 concentra el 12.5%. En esta situación social, el nodo/agente 1 es el centro de la Figura 1 debido a que registra el indicador de centralidad directa más alto.

---

74 Salcedo-Albarán, E., Goga, K., & Goredema, K. (2014). "Cape Town's underworld mapping a protection racket in the central business district". Petroria: Institute for Security Studies.

Figura 1. Un gráfico con la interacción de 5 nodos/agentes

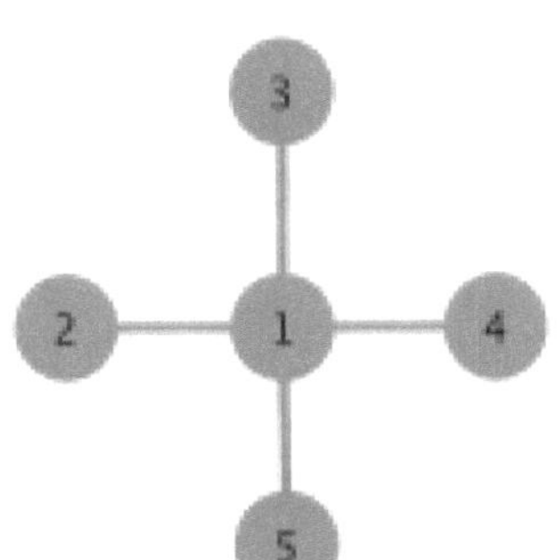

El segundo significado de "centralidad" permite identificar el nodo/agente con mayor capacidad para arbitrar o intervenir en las rutas geodésicas de la red, conocido como "puente estructural". Mientras que en la Figura 1 sólo hay 4 interacciones directas registradas, hay más rutas geodésicas, que son las rutas que conectan indirectamente todos los nodos/agentes. Por ejemplo, hay una ruta geodésica que conecta a los nodos/agentes 2 y 3 mediante el nodo/agente 1, otra ruta geodésica que conecta los nodos/agentes 2 y 4 también a través del nodo/agente 1, etc. Esas rutas geodésicas que conectan los nodos/agentes 2 y 3, así como los nodos/agentes 2 y 4, son las rutas de información y de todo tipo de recursos que fluyen y se distribuyen indirectamente a través de la red.

Después de calcular la cantidad total de rutas geodésicas que conectan los nodos/agentes de la red, el indicador de intervención [*Betweenness*] permite identificar el nodo/ agente con la mayor capacidad para intervenir en esas rutas geodésicas. Como se observa en la Figura 1, el nodo/agente 1 interviene en cada ruta de la red puesto que no hay un único camino que conecte los nodos/agentes 2, 3, 4 y 5 que no pase por el nodo/agente 1; por lo tanto, el nodo/agente 1 registra un indicador de *Betweenness* del 100%, lo que significa que tiene la mayor capacidad para intervenir en los recursos que fluyen a través de la red. En este caso, el nodo/agente 1 tiene la mayor capacidad para decidir, por ejemplo, qué información se comunican entre los otros nodos/agentes.

"Lava Jato": Protección Política, Lavado de Dinero y Contratos Públicos Millonarios

Según las fuentes judiciales enumeradas en el Anexo, la investigación judicial conocida como "Lava Jato" comenzó el 17 de marzo de 2014, luego de una denuncia presentada por Hermes Freitas Magnus, propietario junto con María Teodora Silva, de la empresa "Dunel". En 2008, los propietarios de "Dunel" buscaron inversores para capitalizar su empresa, lo que permitió al ex diputado José Janene invertir en ella y ser incluido en la junta ejecutiva. El ex diputado aprovechó su posición como inversor para lavar dinero proveniente de actividades de corrupción en la empresa estatal petrolera Petrobras. María Teodora Silva y Hermes Freitas informaron a las autoridades sobre las operaciones sospechosas que se estaban llevando a cabo en su compañía, así como su exclusión injustificada de la dirección de "Dunel", a causa de su inconformidad con el esquema adoptado.

La investigación contra José Janene y Alberto Youssef dio paso al hallazgo de una estructura ilícita, que reveló un sistema corrupto de participación en licitaciones públicas para proyectos de inversión y contratación de servicios en la empresa Petrobras. Dicho esquema consistía en una serie de sobornos pagados por un grupo de compañías referenciadas en las fuentes judiciales como "El Club".

"El Club" fue un cártel conformado por varias compañías que coordinaron su propia participación en los proyectos de Petrobras, establecieron precios para la provisión de servicios y fijaron el pago de sobornos. Al momento de las licitaciones, las empresas involucradas ya sabían cuál de ellas obtendría el contrato con Petrobras, sabiendo que el seleccionado cumpliría con los requisitos durante la licitación pública.

Un ejemplo es la empresa de construcción dirigida por Dalton dos Santos, "Constructora Camargo Correa", ganadora de una de las licitaciones de Petrobras. Para hacer efectivo el pago del soborno por el 1% del valor del contrato a Paulo Roberto Costa, funcionario de alto rango de Petrobras, ambas partes simularon contratos para transferir el dinero a través de la empresa "Costa Global", controlada por Paulo Roberto Costa. Asimismo, la empresa "Constructora Camargo Correa" realizó contratos de suministro, por cuenta propia, con las empresas "Sanko Sider" y "Sanko Servicos", presentándolas como proveedoras en sus notas financieras. Los recibos y documentos que se administraron entre las tres empresas presentaban suministros sobrevaluados, una estrategia común para ocultar los pagos irregulares.

En general, para obtener contratos y establecer acuerdos, "El Club" pagó entre 1% y 3% del valor de cada contrato a determinados funcionarios de Petrobras tales como (i) Paulo Roberto Costa, ex director de Suministros; (ii) Renato de Souza Duque, ex director de Dirección de Ingeniería y (iii) Pedro José Barusco, ex gerente de Servicios.

Los sobornos también estaban destinados a partidos y agentes políticos, clasificados en este libro como "políticos", quienes a su vez brindaban apoyo para nominar y mantener a los directores antes mencionados en sus cargos en

Petrobras. Por ejemplo, la Dirección de Suministros en Petrobras estaba controlada por el Partido Progressista Brasileiro, PPB; la Junta de Ingeniería, por el Partido dos Trabalhadores, PT; y el Consejo Internacional, por el Partido do Movimento Democrático Brasileiro, PMDB. Algunos sobornos fueron pagados directamente a los miembros de los partidos o al propio partido a través de cuentas en el extranjero, compañías de fachada o simplemente en efectivo.

Otra estrategia para entregar el dinero de los sobornos consistía en financiar campañas políticas de funcionarios públicos y políticos. Por ejemplo, el senador Jorge Afonso Argello, del Partido Laborista Brasileño, PTB, solicitó pagos indebidos de varias compañías involucradas en el esquema ilícito de Petrobras, y a cambio ofrecía proteger a dichas compañías durante las investigaciones. Los pagos de esos sobornos se registraron como donaciones electorales para la Parroquia de São Pedro, en Tabatinga, DF. Más tarde, la misma Parroquia solicitó un pago de R$ 350,000.00 al presidente de la corporación brasileña "OAS", José Adelmário Pinheiro Filho, a quien le fue dicho que Jorge Afonso Argello tenía un fuerte vínculo con esa Parroquia y que "era políticamente fundamental para él [Pinheiro Filho] dar esa donación". Los pagos entregados por "OAS" ascendieron a cinco millones de reales aproximadamente USD$ 1,495,573.00.

Para ocultar y administrar grandes cantidades de dinero sin restricciones legales, Fernando Soares, Nestor Cerveró, Paulo Roberto Costa, Pedro José Barusco, Renato Duque y Jorge Luiz Zelada, segundo director del Departamento Internacional de Petrobras, abrieron cuentas offshore en bancos suizos y desde allí ejecutaron transferencias financieras de manera frecuente. El dinero resultante de esas transacciones ilícitas se transfirió en diferentes monedas a cuentas en Hong Kong, las Islas Vírgenes, China continental y Mónaco, entre otros países. El esquema ilícito desarrolló una estrategia conocida como "dollar-cape", que consistía en comprar y vender monedas extranjeras a través de un sistema de compensación: las divisas se entregaban mediante un depósito extranjero a un comprador en Brasil. Esta transacción implicaba una transferencia internacional de dinero, similar a la que es realizada por los bancos; sin embargo, en este caso el procedimiento era realizado a través de un sistema informal, que carecía de regulación legal. Las operaciones en el mercado negro de cambio fueron ejecutadas por "doleiros", quienes tenían un papel esencial en el lavado de dinero, la evasión de impuestos relacionados con el intercambio de monedas y la liberación y transferencia de sobornos.

Otra estrategia para el lavado de dinero consistía en la transacción de sobornos a través de productos y bienes tales como apartamentos de lujo, automóviles y obras de arte como pinturas, en lugar de dinero, evitando así el seguimiento de las fuentes y movimientos de los sobornos pagados. Además, los nodos/agentes involucrados en la red ilícita crearon y administraron compañías de fachada que existían solo en papel, sin instalaciones o sin proporcionar servicios o productos reales. Los terceros involucrados, que establecieron contratos fraudulentos, eran propietarios de esas compañías fachada mediante las cuales se transferían cantidades masivas de dinero bajo apariencia de legalidad, evadiendo así los controles por parte de las autoridades. Otra estrategia para pagar sobornos consistía en establecer acuerdos de deuda y préstamos fraudulentos entre compañías legales, nacionales y extranjeras, e instituciones financieras.

Algunas de las empresas que participan en "El Club" fueron: "Constructora Camargo Correa", "Refinería RNEST", "Refinería REPAR Getúlio Vargas", "Galvão Engenharia", "Engevix", "OAS", "Odebrecht", "Andrade Gutierrez", "UTC", "Queiroz Galvão", "Promon", "MPE", "Techinit", "GDCAR" y "Mendes Júnior", entre otras. Hasta finales de 2017, en el contexto de la operación "Lava Jato", alrededor de 260 personas han sido acusadas por 56 cargos penales, mientras que 130 individuos, incluidos políticos y empresarios prominentes, han sido condenados a prisión en 29 sentencias judiciales.

Según los datos revelados por la Fiscalía de Paraná a cargo de las principales investigaciones de "Lava Jato", en el sur de Brasil el número de sobornos registrados habría alcanzado los 2 billones de dólares aproximadamente 6.4 billones de reales. Sin embargo, se estima que los daños totales a Petrobras por desvío de fondos y sobreprecios podrían incluso superar unos 13 billones de dólares.[75]

Algunas sub-estructuras de "Lava Jato"

Los medios de comunicación en América Latina han cubierto extensamente los casos de corrupción relacionados con "Odebrecht". Sin embargo, otras empresas y sub-estructuras ilícitas brevemente descritas a continuación y analizadas en detalle en los siguientes capítulos, también formaron parte de la estructura "Lava Jato".

---

75 Las fuentes mencionadas se encuentran disponibles en: http://www.mpf.mp.br/para-o-cidadao/caso-lava-jato/atuacao-na-1a-instancia/parana/resultado

"Eletronuclear"

Bajo su acuerdo de colaboración, Dalton Avancini, ex presidente de "Camargo Correa S.A.", reveló la existencia de una estructura ilícita que operó en la empresa estatal "Eletrobras Termonuclear S.A. – Eletronuclear". La estructura ilícita compartía el *modus operandi* identificado en Petrobras: alianzas entre compañías privadas para obtener ventajas indebidas en contratos con empresas estatales, pago de sobornos a funcionarios públicos y lavado de dinero. Debido al levantamiento del secreto bancario de las compañías "Andrade Gutierrez" y "Engevix", también involucradas en el escándalo de Petrobras, las autoridades identificaron transferencias al ex presidente de "Eletronuclear", Othon Luiz, por contratos en Angra 3, proyecto de un reactor nuclear. Según la acusación, los representantes de "Engevix", José Antunes y Cristiano Kok, ejecutaron 29 transferencias a Othon Luiz.

El esquema ilícito de lavado de dinero operaba a través del movimiento financiero resultante de los contratos firmados entre "Andrade Gutierrez" y "CG Impex". Otros 5 contratos fueron simulados para transferir grandes cantidades de dinero a Othon Luiz; dichos contratos fueron establecidos entre "CG Impex" y "Aratec". El valor transferido mediante contratos fraudulentos fue de aproximadamente USD\$ 628,979.51 (R\$ 2,045,001.53) a través de 38 transacciones.

"Grupo J&F"

El esquema de soborno y lavado de dinero operado por el "Grupo J&F" y sus subsidiarias "JBS", "Eldorado", "Florestal" y "Vigor", funcionó por más de 13 años, de 2003 a 2017. Este esquema ilícito obtuvo ilegalmente fondos públicos del banco estatal Banco Nacional de Desenvolvimiento Economico e Social, la Caixa Econômica Federal (CEF), la Fundação dos Economiários Federais (FUNCEF) y la Fundação Petrobras de Seguridade Social (PETROS), apoyando campañas políticas y pagando sobornos a agentes públicos estratégicos.

Según la investigación, el "Grupo J&F", propiedad de Joesley Mendoça Batista y Wesley Mendoça Batista, apoyó las campañas de los candidatos a la Cámara de Representantes, el Senado y la dirección de instituciones públicas. De hecho, el Grupo financió las campañas electorales de gobernadores en cuatro Estados durante 16 períodos y las campañas presidenciales de Dilma Rousseff y Michel Temer.

"Sergio Cabral"

Las operaciones judiciales Calicute y Eficiencia descubrieron una estructura ilícita comandada por el ex gobernador Sergio Cabral, involucrada en actividades de corrupción y lavado de dinero por más de 100 millones de dólares, a través de transferencias de activos al exterior. Es de conocimiento público que Sergio Cabral exigía una tasa de soborno del 5% en los contratos administrativos con el Estado desde que asumió el cargo de Director Ejecutivo del Estado de Río de Janeiro el 1 de enero de 2007.

Para administrar el esquema de soborno mencionado y ocultar su identidad en los sobornos que recibió en cuentas bancarias extranjeras, Sergio Cabral contrató a Renato Chebar, un operador del mercado financiero que prestaba su nombre para dichas transacciones. También contrató a Carlos Bezerra para registrar todos los ingresos por soborno.

Según los registros contables acumulados por el operador Carlos Bezerra, se identificó que Marco Antonio de Luca, uno de los miembros activos del esquema y gerente de la empresa "Masan Servicios Especializados Ltda.", contribuyó con al menos un monto de R$ 12,595,700.00 (USD$ 3,956,000.00) por sobornos en especie a favor de la empresa "Orcrim", controlada por Sergio Cabral, relacionados con los contratos firmados con el Estado de Río de Janeiro.

La denuncia presentada por el Ministerio Público en virtud de la Operación Calicute identificó corrupción activa y pasiva y el consecuente lavado de activos en torno a los contratos firmados entre el Estado de Río de Janeiro y las empresas "Andrade Gutierrez", "Delta", "Carioca Engenharia", "OAS Ltda.", "Queiroz Galvao", "Camargo Correa", "Camter", "Eit" y "Odebrecht". Dos casos fueron particularmente prominentes entre este esquema ilícito liderado por Sergio Cabral: el fraude en una licitación pública para la prometida restauración del Estadio Maracaná y el fraude en las licitaciones públicas para las obras de Cap Favelas, ambas entre 2007 y 2009.

"Odebrecht"

El caso de la empresa "Odebrecht" ha sido quizás el más ampliamente cubierto por medios latinoamericanos. En noviembre de 2014, cuando "El Club" fue presentado por la Policía Federal de Brasil, "Odebrecht" tenía 19 contratos con Petrobras por aproximadamente R$ 17 billones (USD$ 5,084,949.00).

En junio de 2015, Marcelo Odebrecht, propietario legal de la empresa, fue arrestado y sentenciado a 19 años de prisión por el juez Sergio Moro bajo cargos de corrupción, lavado de dinero y conspiración criminal. En marzo de 2016, se reveló que "Odebrecht" reprodujo un esquema de lavado de dinero y corrupción, similar al que se estableció en Petrobras, en diez países latinoamericanos y dos africanos, para un total de un billón de dólares en sobornos pagados desde 2001. En general, como es discutido en los siguientes capítulos, "Odebrecht" participó en numerosas operaciones ilícitas asociadas a las sub-estructuras analizadas.

En general, "Odebrecht" no es la única compañía involucrada en la estructura de "Lava Jato", sin embargo, es una de las más determinantes y renombradas en los medios de comunicación. Como puede observarse en la Figura 2, la sub-estructura de corrupción establecida por "Odebrecht" (nodos/agentes más oscuros) se distingue porque sus interacciones (líneas más oscuras) afectan varias áreas de la red "Lava Jato" en su conjunto.

Sin embargo, el verdadero alcance de "Odebrecht" es revelado cuando sus sub-redes son extraídas de la red "Lava Jato", como se ilustra a continuación. Decenas de interacciones indirectas que se establecieron a través de los nodos/agentes de Petrobras, Alberto Youseff y Pablo Roberto Costa, permitieron que "Odebrecht" alcanzara un área extensa de la red "Lava Jato". De hecho, la red "Lava Jato" como un todo pierde su núcleo (Alberto Youseff) cuando se extrae la sub-red "Odebrecht", resultando afectada su estructura y funcionamiento por solo 41 nodos/agentes y 103 interacciones directas (Figura 3).

Figura 2. Los nodos/agentes e interacciones de la sub-estructura "Odebrecht"en colores oscuros.

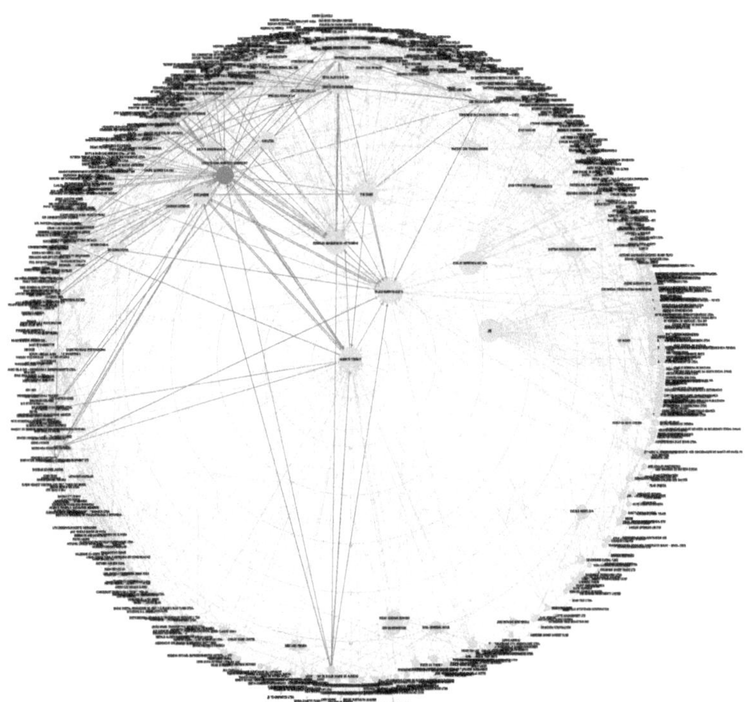

Figura 3. La sub-estructura "Odebrecht "extraída de la estructura "Lava Jato".

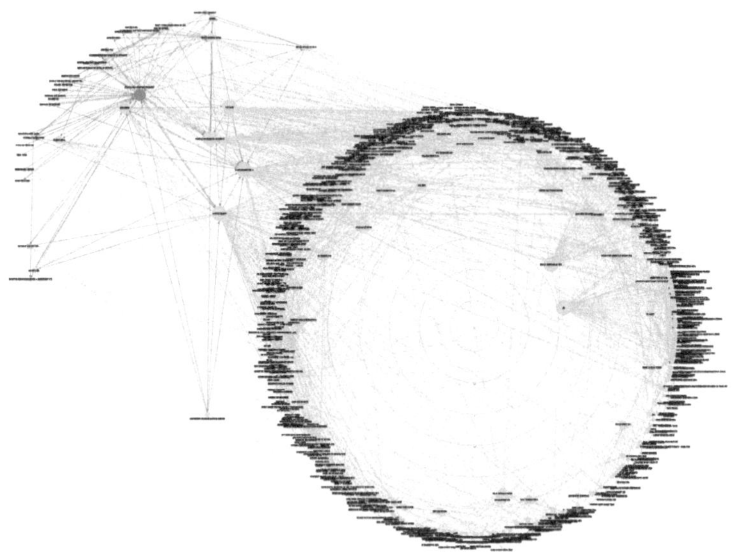

Fuentes Analizadas

Para elaborar los modelos aquí analizados se procesaron, a través de la metodología y los protocolos descritos anteriormente, las decisiones judiciales extraídas de cuatro operaciones policiales en la primera instancia de investigación: "Lava Jato", "Dolce Vita", "Bidone" y "Casablanca", cada una enfocada en una organización ilícita dirigida por los acusados Carlos Habib Chater, Alberto Youseff, Nelma Kodama y Henrique Srour. Las decisiones fueron ejecutadas por la Policía Federal los días 17 y 24 de marzo de 2014.

Luego, en una segunda etapa de análisis, se procesaron y analizaron 29 sentencias en la primera y segunda instancia de investigación de la Operación "Lava Jato" (2014-2016).

Se recopilaron y analizaron las sentencias judiciales en lugar de las denuncias, debido a que la información recopilada al principio de la investigación pudo ser confirmada o denegada durante el proceso de enjuiciamiento, lo que permite que las sentencias contengan información contrastada más confiable.

Durante la tercera etapa del análisis, la información de las sentencias se complementó con datos basados en decisiones judiciales y anexos de procesos judiciales extraídos de los sitios web https://jota.info/lavajota/ y http://lavajato. mpf.mp.br/atuacao-na-1a-instancia/denuncias-do-mpf. Dichos anexos también fueron de especial utilidad.

Capítulo 4. La Red "Lava Jato" de Macrocorrupción

Nodos/agentes

Después de procesar las fuentes mencionadas anteriormente, se identificaron un total de 906 nodos/agentes, clasificados como privados (65%), públicos (19%), criminales (11%) y otros (5%).

Agentes privados

Los tipos más relevantes de nodos/agentes identificados se ubican en el sector privado: 65% del número total de nodos/agentes (Tabla 1). La mayoría de los nodos/agentes agrupados bajo esta categoría son corporaciones brasileras (252) y empresarios involucrados en el esquema (170), que pagaron sobornos para obtener privilegios indebidos en contrataciones con el Estado. Esta categoría también incluye compañías offshore (109) utilizadas por los participantes de la red ilícita para obtener contratos fraudulentos y, a través de esos acuerdos, pagar sobornos a servidores públicos, políticos y partidos políticos.

En esta categoría también se agruparon un total de 21 consorcios brasileños creados por empresas legítimas y de fachada, para lograr ventajas indebidas en contratos estatales, junto con 15 cuentas offshore, generalmente bajo el nombre de testaferros, esenciales para ejecutar transacciones fraudulentas, puesto que las autoridades brasileñas carecían de jurisdicción para rastrear los movimientos de este tipo de cuentas y, por lo tanto, no era posible para las autoridades hacer un seguimiento efectivo del origen o el destino de los fondos depositados.

"Odebrecht" fue una de las empresas brasileñas más involucradas en este esquema ilícito. Para pagar sobornos entre diciembre de 2006 y junio de 2014, la compañía realizó transferencias financieras al exterior a través de compañías offshore como "Smith & Nash Engineering Company", "Arcadex Corporation" y "Havinsur S/A", para pagar sobornos a funcionarios de Petrobras en cuentas como "Sagar Holdings" y "Quinus Service", ambas controladas por Paulo Roberto Costa, "Milzart Overseas", controlada por Renato Duque, y "Pexo Corporation", controlada por Pedro Barusco.

La categoría "Privado" también incluye 12 compañías de fachada que fueron creadas para legalizar transacciones financieras. Por ejemplo, "MO Consultoria" era una compañía creada y controlada por Alberto Yousseff, que no ofrecía productos o servicios reales, y que se utilizó para firmar varios contratos fraudulentos con Petrobras; "Sanko Sider e Sanko Servicios", "Consórcio Rnest - Conest", "Galvão Engenharia S.A.", "Consórcio Sehab Ltda.", y "OAS Ltda.", entre otras empresas, cumplían la misma función. Estas empresas transfirieron a "MO Consultoria" aproximadamente USD$ 795,233.00 entre 2009 y 2013 con el objetivo de pagar sobornos.

**Tabla 1. Nodos/Agentes clasificados como Privados.
Red Ilícita "Lava Jato".**

Compañía Brasilera	252
Empresario(a)	170
Compañía Offshore	109
Consorcio Brasilero	21
Cuenta Offshore	15
Compañía fachada	12
Abogado(a)	10
Corredor de dinero	7
Fondo de Pensiones	4
Institución Brasilera	2
Agente de Publicidad	3
Asociación Civil	1
Periodista	1
Asesor político	1
Total	608

Los nodos/agentes "privados" restantes incluyen a varios profesionales que proporcionaron asesoramiento jurídico o político, sirvieron como terceras partes para ocultar la fuente de sobornos, ocultaron evidencia o participaron en reuniones para decidir qué compañía debería recibir un contrato público determinado.

Agentes Públicos

La categoría "Agentes Públicos" (19%), distribuida como se muestra en la Tabla 2, agrupa a 100 funcionarios públicos y 24 ex miembros de la Cámara de Diputados con influencia política para nominar delegados en directorios de Petrobras. Algunos de ellos también coordinaron reuniones clandestinas con empresas investigadas que fueron favorecidas con contratos públicos.

Esta categoría agrupa a 16 políticos brasileños como José Dirceu de Oliveira e Silva y João Luiz Argolo, ambos acusados de corrupción pasiva; 13 partidos políticos como Partido da Mobilização Nacional (PMN), Partido dos Trabalhadores (PT) y Partido da República, entre otros; 9 de funcionarios de "Eletronuclear"; 8 instituciones públicas involucradas en la corrupción y 7 funcionarios de Petrobras, principalmente a cargo de la adquisición de suministros, la coordinación de servicios de ingeniería y la contratación internacional de otras empresas, como Paulo Roberto Costa, Pedro Barusco y Celso Araripe de Oliveira.

Tabla 2. Nodos/agentes clasificados como funcionarios Públicos. Red Ilícita "Lava Jato".

Público - Funcionario	100
Público - Diputado Federal	24
Público - Políticos Brasileros	16
Público - Partido político	13
Público - Funcionario Eletronuclear	9
Público - Institución gubernamental	8
Público - Funcionario de Petrobras	7
Público - Área de Petrobras	3
Público – Compañía de Energía Brasilera	2
Público - Ex Presidente de Brasil	2
Público - Fondo Público	2
Público - Ministerio de Brasil	2
Público - Gobierno Federal	1
Público - Ministros	1
Público - Fiscal Federal	1
Público - Presidente de Brasil	1
Público - Refinería Brasilera	1
Total	193

Los funcionarios públicos involucrados en el esquema de corrupción recibieron sobornos del 1% o 2% del valor de cada contrato asignado fraudulenta e injustamente a compañías específicas. Además, el 60% de los sobornos pagados se usaron para financiar ciertos partidos y campañas políticas. Aunque la mayoría de los nodos/agentes que participaron en esta red ilícita no eran funcionarios públicos, su participación fue fundamental para mantener y articular el esquema de corrupción.

Criminales

La categoría "Criminal" (11%) agrupa a los nodos/agentes que llevaron a cabo acciones criminales e ilícitas del plan. Aunque no todos pueden etiquetarse como agentes ilegales o delincuentes de "tiempo completo", su rol en la red puede definirse como ilegal. Esta categoría incluye específicamente a 47 personas que fungían como terceras partes, representando cuentas y compañías para proteger a los beneficiarios reales de las transacciones; 19 doleiros o intermediarios, como Alberto Youssef y Nelma Kodama, que organizaron reuniones entre empresas, asesoraron a individuos y funcionarios sobre la creación de compañías offshore y controlaron las compañías de fachada para legalizar los pagos, entre otras tareas relacionadas con el mercado negro de monedas. Además, 9 operadores supervisaron pagos de sobornos entre los participantes de la red ilícita.

La categoría "criminales" también incluye 8 narcotraficantes que blanquearon sus ganancias a través de la red, 7 cómplices de lavado de dinero, 5 blanqueadores de dinero y 3 asociaciones ilícitas entre compañías legales y consorcios, como "El Club", establecido para obtener ventajas indebidas o bien para cometer fraude a través de delitos financieros y corrupción (Tabla 3).

**Tabla 3. Nodos/agentes clasificados como "Criminales".
Red Ilícita "Lava Jato".**

Testaferro	47
Intermediario	19
Operador de soborno	9
Narcotraficante	8
Cómplice de lavado de activos	7
Lavador de dinero	5
Cartel- Asociación ilítica entre compañías	3
Total	98

Otros Agentes

La categoría "Otros" grupos abarca a (i) bancos en los que se realizaron las transacciones financieras, (ii) un depositante desconocido de una de las cuentas offshore, (iii) un fondo de inversión y (iv) una institución financiera utilizada para transferir un acuerdo de préstamo para lavar dinero y pagar sobornos, y (v) un coleccionista de arte (Tabla 4).

**Tabla 4. Nodos/agentes clasificados como "Otros".
Red ilícita "Lava Jato".**

Banco	3
Depositante Desconocido	1
Fondo de Inversión	1
Institución Financiera	1
Coleccionista de Arte	1
Total	7

Interacciones

Se registraron y modelaron un total de 2,693 interacciones, distribuidas en las siguientes categorías: económica(48%), logística (34%), otra (11%) y política (7%).

La categoría compuesta por interacciones "económicas" agrupa el 48% de todas las interacciones. Algunas de las principales sub-categorías de las "interacciones económicas" son: (i) "realizar transacciones financieras", con 676 interacciones; (ii) "pagar sobornos o comisiones indebidas", con 330 interacciones; (iii) "lavado de dinero", con 107 interacciones, y (iv) "simulación de contratos", con 105 interacciones (Tabla 5). Estas interacciones se refieren a las principales operaciones financieras necesarias para mantener el esquema de corrupción.

Tabla 5. Interacciones "Económicas". Red Ilícita "Lava Jato".

Económica – Transacción Financiera a	676
Económica – Pago de Soborno a	330
Económica – Lavado de Dinero a Través de	107
Económica – Simular Contratos con	105
Económica – Ser socio de Trabajo con	41
Económica - Pagar una comisión indebida para establecer contratos	22
Económica - Abrir y controlar cuentas de empresas fachada en beneficio de	13
Económica – Inversión de Capital en	10
Económica – Malversación de Fondos de	7
Económica – Operación Fraudulenta de Cambio de Divisas a través de	6
Económica - Participar en un Acuerdo de Deuda con	6
Económica – Pagar deudas con Pinturas a	1
Económica – Compra de Pinturas de	1
Total	1325

Entre las principales sub-categorías, otras interacciones económicas fueron: (v) "ser socios comerciales", con 41 interacciones, (vi) "pagar una comisión indebida para establecer contratos", con 22 interacciones; (vii) "abrir y controlar cuentas de empresas fachada", con 13 interacciones, (viii) "inversión de capital en", con 10 interacciones, (iv) "malversión de fondos de", con 7 interacciones, las cuales ilustran la apropiación ilícita de dinero de empresas o fondos públicos, que era utilizado para crear compañías de fachada y pagar sobornos. Tal es el caso de la firma "Sete Brasil" que fue constituida en parte con la inversión de fondos malversados de Petrobras y algunos fondos de pensiones como "Petros", "Previ", "Funcef" y "Valia".

Otras interacciones "Económicas" incluyen "operaciones fraudulentas de cambio de divisas", con seis casos de operaciones "dollar-cape" en las que las monedas se intercambiaban a través de canales informales para lavar dinero, evadir impuestos e imposibilitar el rastreo de los flujos de dinero. Otra sub-categoría fue "participar en un acuerdo de deuda", con 6 casos que expusieron las estrategias utilizadas para entregar dinero a través de un procedimiento aparentemente legal. Por ejemplo, Salim Taufic Schahin, Milton Taufic Schahin y Fernando Schahin, propietarios y ejecutivos del "Grupo Schahin", entregaron un soborno destinado a Eduardo Musa y el Partido dos Trabalhadores (PT) pagado mediante la concesión, renovación y cancelación fraudulenta de un préstamo otorgado legalmente a José Carlos Bumlai, quien fungía como tercera parte de los verdaderos beneficiarios finales.

La categoría "Logística" (Tabla 6) agrupa 964 interacciones que garantizaron la estabilidad de la red ilícita durante su operación entre 2009 y 2014. Algunas de las sub-categorías logísticas más relevantes fueron: (i) "participar en la junta administrativa de una empresa", con 158 interacciones, (ii) "ser parte de", con 75 interacciones que hacen referencia a los casos en los que los contratos con empresas estatales brasileñas se establecieron a través de consorcios, (iii) "servir como tercera parte para", con 132 interacciones que agrupan a las personas que acordaron abrir una cuenta o aparecer como representante legal de una empresa para ocultar a sus beneficiarios reales, (iv) "toma de decisiones y liderazgo (*de facto*) de", con 118 interacciones que revelaron los verdaderos beneficiarios de las cuentas, empresas y propiedades que tenían un titular indefinido o falso, (v) "modificación de un contrato establecido", con 67 interacciones que también revelaron algunas estrategias de las empresas implicadas para impulsar un aumento injustificado en los costos y la extensión en los límites de tiempo de las obras, respecto de lo que se había dispuesto inicialmente en los contratos; (vi) "planeación de la distribución financiera", con 43 interacciones de reuniones específicas en las cuales se decidió la distribución de recursos entre los participantes del esquema de corrupción.

Otras sub-categorías logísticas relevantes son: (vii) "ser el representante de", con 39 casos en los que los empresarios representaron a diferentes compañías cartelizadas durante las reuniones organizadas; (viii) "apoyo a la contabilidad fraudulenta", con 37 interacciones, que revela los acuerdos contables realizados para ocultar los ingresos monetarios irregulares y justificar los gastos "artificiales". Además, sobresalen "Propiedad legal de la empresa" (32 interacciones), "Servir como intermediario de" (35 interacciones) y "solicitar un pago de soborno o una donación irregular a una campaña en nombre de otra persona", entre otras sub-categorías enumeradas en la Tabla 6.

Tabla 6. Interacciones "Logísticas". Red Ilícita "Lava Jato"

Logística - Participar en la Junta Administrativa, Financiera de una empresa, entre otras posiciones de Dirección	158
Logística – Ser Parte de	152
Logística – Ser Tercera Parte de	132
Logística - Toma de Decisiones y Liderazgo (de facto) de	118
Logística – Modificación de un Contrato Establecido Con	67
Logística - Planear la Distribución Financiera Con	43
Logística – Ser el Representante de	39
Logística - Apoyo a la Contabilidad Fraudulenta	37
Logística – Servir de Intermediario de	35
Logística – Tener una Reunion de Negocios con	32
Logística – Propiedad legal de una Empresa	32
Logística – Uso de compañías para Cometer Fraude	30
Logística – Entregarle Dinero a	26
Logística – Interferir el Curso de la Justicia Por	18
Logística – Influencia Sobre	16
Logística – Dar Asesoría Legal	8
Logística – Ser una Empresa Subsidiaria de	8
Logística - Criminal - Dealt a drug delivery	5
Logística - Adquirir nombres e información personal de terceros actores (utilizados para operaciones de intercambio fraudulentas) para	3
Logística - Excluido ilícitamente de la compañía	2
Logística - Perdonar el acuerdo de préstamo a	1
Logística - Transposing loan agreement to	1
Logística - Criminal - Suministrar drogas ilegales a	1
Total	964

Como se mencionó anteriormente, la red ilícita "Lava Jato" operaba a través de compañías cartelizadas que obtenían contratos públicos a través de una ventaja indebida, pagando el 1% o el 2% del valor del contrato a funcionarios, políticos y partidos políticos. Para completar el pago de sobornos, las principales compañías utilizaron compañías pequeñas, de fachada y offshore, así como cuentas offshore. Para llevar a cabo las operaciones, lavar dinero y ocultar evidencia de la estructura ilícita, se contrataron operadores de sobornos, doleiros, terceros intermediarios y portadores de dinero.

La tercera categoría de interacciones es "Otras" (11%), que incluye sub-categorías como (i) el "establecimiento de contratos con empresas o instituciones estatales", con 124 interacciones, (ii) "establecimiento de redes", con 68 interacciones que describen vínculos informales con nodos/agentes clave de la red, (iii) "ser un miembro de la familia", con 28 interacciones que describen vínculos familiares dentro de la red, y (iv) "amenzar y ejercer presión para cometer crímenes financieros", con 4 interacciones que describen la coerción generalmente perpetrada por intermediarios o "doleiros" contra otros nodos/agentes (Tabla 7).

Tabla 7. "Otras" interacciones. Red Ilícita "Lava Jato".

Estado- Establecer Contratos Con	124
Networking	68
Family – Ser Familiar de	28
Violence - Amenzar y ejercer presión para cometer crímenes financieros	4

La cuarta categoría de interacciones agrupa las "Políticas" (Tabla 8) en sub-categorías como (i) "beneficia los intereses particulares de", con 76 interacciones en los que un agente político beneficia a otro nodo/agente a través de una decisión o inversión particular, (ii) 34 interacciones que consisten en "donaciones irregulares a" campañas políticas, (iii) 25 interacciones de "donaciones oficiales para" financiar campañas políticas, (iv) 13 interacciones para "brindar favores políticos a" nodos/agentes específicos, (v) "nominar para un cargo público", con 5 interacciones, y (vi) "brindar asesoría política a", con dos interacciones.

Tabla 8. Interacciones "Políticas". Red Ilícita "Lava Jato".

Political – Beneficiar los Intereses Particulares de	76
Political – Donaciones Irregulares (campaña política) a	34
Political – Donaciones oficiales (campaña política) a	25
Political – Financiar la campaña política de	25
Political – Proveer favores politicos a	13
Political – Nominado para cargos públicos	5
Political – Brindar asesoría política a	2
Total	180

Como se explicó en la descripción del caso, partidos políticos y funcionarios públicos recibieron comisiones indebidas, pagadas por empresarios para nombrar nuevos funcionarios o mantener antiguos funcionarios de Petrobras en sus cargos. Paulo Roberto Costa, por ejemplo, declaró en juicio que cuando fue nombrado director de Suministros en Petrobras, se reunió con José Janene, el ex diputado responsable de su nominación, quien solicitó a Paulo Roberto Costa que interpusiera su influencia para proporcionar una ventaja indebida a los miembros de "El Club" en la obtención de contratos con Petrobras. De hecho, José Janene convenció a Paulo Roberto Costa de que tenía que pagar esos sobornos como un favor político para el partido, y a cambio, el partido lo apoyaría y garantizaría su permanencia en Petrobras.

Arbitraje de recursos

Como se indicó en la descripción metodológica, el indicador de *Betweenness* informa sobre aquellos nodos/agentes con la mayor capacidad para intervenir en las rutas indirectas de la red. En este caso, los nodos/agentes con los más altos indicadores de *Betweenness* fueron (i) Alberto Yousseff y (ii) la propia empresa Petrobras, interviniendo en el 9.4% de las rutas geodésicas, (iii) Paulo Roberto Costa, funcionario de Petrobras, con un indicador de 4.9%, y (iv) la empresa "JBS", con 3.7% (Figura 4).

Los siguientes agentes con el mayor indicador de *Betweenness* fueron: (v) Joesley Mendonca Batista ("JB"), responsable de la expansión e internacionalización de JBS, con un indicador del 3.3%; (vi) "El Club", en referencia a aquellas empresas cartelizadas que cooptaron el proceso de contratación en Petrobras, "Eletrobras" y "Eletronuclear", con un 3.3%; (vii) Julio Gerin de Almeida Camargo, uno de los operadores encargado de los sobornos de la red, con 3.1%, y (viii) Pedro Barusco, funcionario de Petrobras, con 3%.

Estos ocho nodos/agentes con los más altos indicadores de *Betweenness* intervienen en el 40.1% de las rutas geodésicas – o vías indirectas de la red –, lo que significa que este grupo de individuos y empresas tuvo la mayor capacidad para arbitrar y distribuir recursos tales como información o dinero entre los participantes. La eliminación de algunos de esos nodos/agentes podría afectar la estructura de la red de acuerdo a su posición estratégica como intermediador. Así, por ejemplo, Petrobras era la principal empresa en la que se originaba el proceso de corrupción, estando involucrada en la mayoría de las interacciones económicas y logísticas, por lo que su marginamiento de la red habría impactado de manera determinante y probablemente hasta de manera definitiva la estructura y funcionamiento de la red "Lava Jato".

Figura 4. Indicadores de *Betweenness* **de la Red Ilícita "Lava Jato".**
El tamaño y la ubicación de los nodos/agentes representan el indicador de *Betweenness* (capacidad para arbitrar recursos a través de la red) [Las líneas rojas representan interacciones de "Violencia". Las líneas azules representan interacciones de "Logística". Las líneas verdes claras representan interacciones "Familiares". Las líneas verde oscuro representan interacciones "Económicas"]

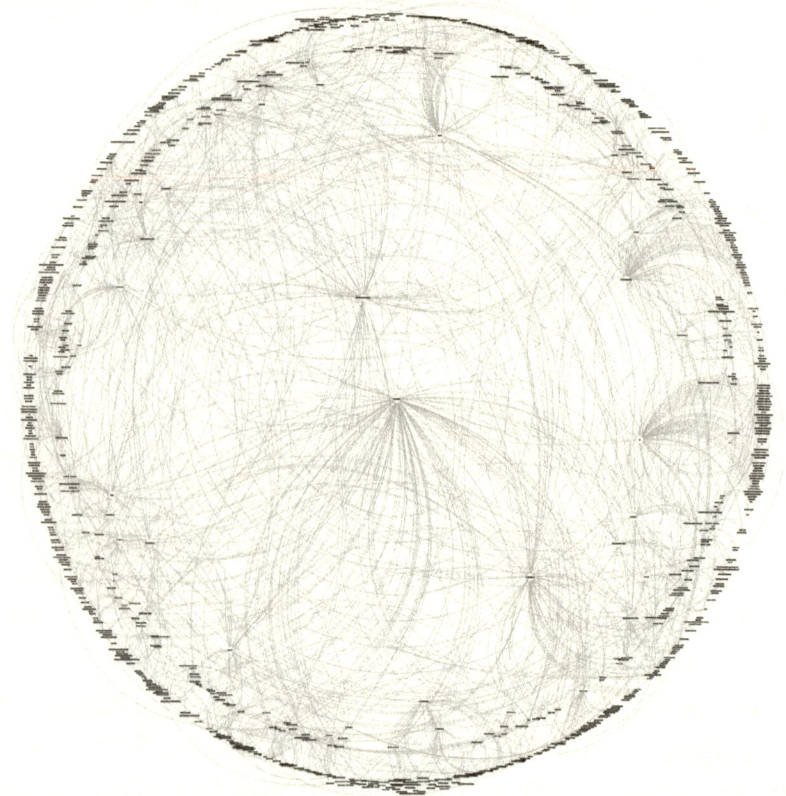

En el mismo sentido, Alberto Youssef fue un agente clave en la estabilización de la red ilícita, ya que se encargó de asesorar a empresarios y funcionarios públicos sobre las operaciones necesarias para garantizar el funcionamiento de la red, coordinando con otros intermediarios y doleiros las estrategias para lavar dinero y entregar pagos de soborno; estrategias tales como establecer alianzas entre empresarios y funcionarios públicos con poder político, crear y administrar cuentas o compañías offshore para realizar transacciones financieras ilícitas o aprovechar el mercado negro de divisas para evadir impuesto.

La concentración de media a alta del indicador de *Betweenness* sugiere que la red tiene un nivel de resiliencia relativamente medio a medio-bajo, ya que aislar o eliminar cerca de 8 nodos/agentes clave, en el caso de Petrobras, que representan solo el 0,44% de la cantidad total de nodos/agentes, afectaría drásticamente la estructura de la red.

Centralidad Directa

Los cuatro nodos/agentes con el mayor grado de "centralidad individual directa" son: (i) Alberto Youssef, con un indicador de 3.4%, actuando como operador en el mercado negro financiero y coordinando operaciones financieras de la red ilícita, (ii) Paulo Roberto Costa, con un indicador de 2.6%, actuando como funcionario de Petrobras con gran cantidad de interacciones directas registradas, principalmente pagando sobornos, (iii) Petrobras, como la empresa central donde se enfoca el esquema de corrupción, con un indicador de 2.2 %, y (iv) "JBS", con un indicador de 1.9%, como la empresa está involucrada en múltiples transacciones lícitas e ilícitas, como la simulación de contratos públicos (Figura 5).

Otros nodos/agentes con un alto nivel de centralidad directa fueron: (v) Joesley Mendonca Batista, uno de los gerentes administrativos de "JBS", con un indicador de

1.8%; (vi) "El Club" como un cliqué de empresas con una alta capacidad de interacción para obtener ventajas en contratos con empresas públicas como Petrobras, con un indicador del 1.7%; (vii) "Constructora Norberto Odebrecht", la empresa que participó en "El Club" y reprodujo un esquema ilícito del tipo Petrobras pagando sobornos a funcionarios de alto rango en 12 países, con un indicador de 1.1%, y (viii) José Janene, ex diputado federal a cargo de controlar una parte importante del esquema de soborno en la red ilícita, con un indicador de 1.1%.

Alberto Youssef, Petrobras y Paulo Roberto Acosta no son solo los nodos/agentes con el mayor indicador de centralidad directa en la red, sino también con la mayor capacidad para intervenir y arbitrar recursos en toda la red. Por lo tanto, estos nodos/agentes tuvieron un papel crítico en la estabilización de la misma.

Además, los ocho primeros nodos/agentes con los indicadores más altos de centralidad directa, que representan solo el 0.88% de la cantidad total de nodos/agentes, concentran el 29.4% de las interacciones directas totales de la red. Cabe resaltar que los nodos/agentes restantes presentan indicadores de centralidad directa entre 0.1% y 1.1%.

Figura 5. Centralidad directa de la Red Ilícita "Lava Jato".
[El tamaño y la ubicación de los nodos representan el indicador de centralidad directa]

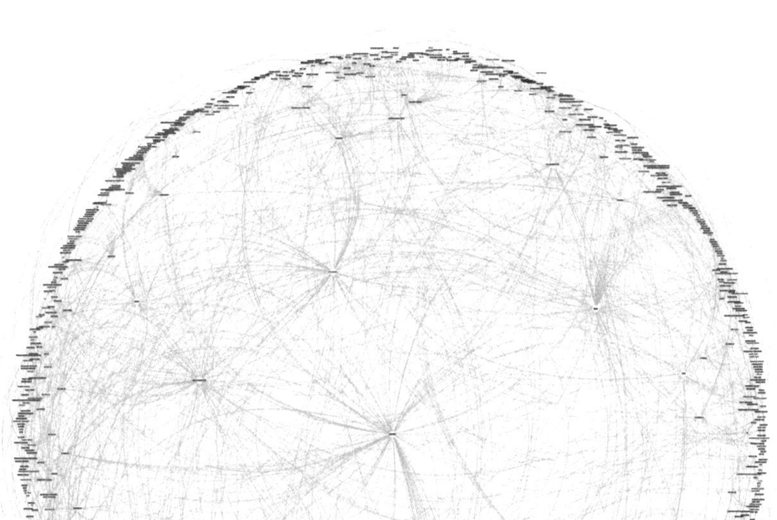

Resiliencia

El alto nivel de concentración de centralidad directa y el indicador de *Betweenness* en alrededor de 8 nodos/agentes (menos del 1% de los agentes totales de la red ilícita), refleja una estructura ilícita con un nivel de resiliencia relativamente medio a medio-bajo. Sin embargo, en la práctica, el nivel de resiliencia podría ser aún más bajo de lo que sugieren los indicadores debido al rol central de Petrobras en esta red ilícita, utilizada para fines ilícitos por algunos de sus directores. Un factor decisivo y compensatorio que tiende a fortalecer su resiliencia es la variedad de sub-redes distintivas, ilustradas y discutidas en el próximo capítulo, que se conglomeran en la red ilícita analizada como un todo.

La característica más relevante de la red "Lava Jato" es quizás la variedad de poderosas sub-redes alrededor de empresas privadas clave conglomeradas para cooptar instituciones estatales y para desarrollar y reproducir estratégicamente un sistema de macrocorrupción en Brasil con un alcance transnacional. Teniendo esto en cuenta, los siguientes capítulos están dedicados a analizar la operación de las sub-redes más importantes.

Capítulo 5. La sub-red de Petrobras

Introducción

Antes de analizar las sub-redes principales en los siguientes cuatro capítulos, es importante tener en cuenta que los hechos y análisis discutidos en este libro se sustentan en los registros publicados por el Ministerio Público de Brasil, que informa sobre las diversas etapas de la operación judicial desarrolladas en la operación "Lava Jato". Varios nombres y eventos son discutidos para comprender los intrincados detalles de la operación ilícita, y esos nombres se extrajeron de la lista ampliada de documentos judiciales enumerados en el Anexo. También es importante resaltar que la presunción de inocencia, en observancia de los derechos individuales, siempre se preserva con respecto a los nombres citados y referenciados, especialmente en este capítulo y en los tres capítulos siguientes. Como se indicó al comienzo de este libro, la verdad judicial es jurisdicción de los tribunales, que por ley decidirán si los acusados mencionados son inocentes o culpables.

Además, es de mencionar que cambios que se introduzcan en las sentencias judiciales finales como resultado de apelaciones, por ejemplo, podrían modificar las características del modelo aquí discutido.

En el caso de las investigaciones en curso, las sentencias judiciales definitivas aclararán la responsabilidad penal de cada agente involucrado en las estructuras ilícitas analizadas; es por ello que se hace referencia a cada fuente judicial en el análisis.

En este punto, vale la pena destacar que la comisión de actos delictivos desde la perspectiva jurídica corresponde estrictamente a la verdad judicial, que es menos exhaustiva que la verdad social e histórica debido a las limitaciones que el marco legal formal impone cuando algunas acciones no son penalizadas por la ley vigente, pero están sujetas al rechazo moral debido a sus perversos impactos sociales, por ejemplo.

Teniendo en cuenta lo anterior, en los capítulos 5 a 8 se analizarán las sub-redes clave de la estructura "Lava Jato", centrando la atención en los nodos/agentes más relevantes y las operaciones más importantes llevadas a cabo. El análisis comienza con este capítulo 5, en el que se trata la sub-red de Petrobras; luego, en el capítulo 6, la sub-red "Electrobras – Electronuclear", en el capítulo 7, la sub-red de "Sergio Cabral" y en el capítulo 8, la sub-red del "Grupo J&F".

Por un lado, la primera y segunda sub-redes ilustran cómo las empresas cartelizadas, como "El Club", que pagaban sobornos a funcionarios clave y agentes políticos para acceder a ventajas indebidas en contratos públicos con Petrobras, replicaban sus operaciones ilícitas para obtener contratos o para manipular los procesos de licitación con la empresa "Electrobras – Electronuclear" y el Estado de Río de Janeiro. Por otro lado, las sub-redes de "Sergio Cabral" y del "Grupo J&F" revelaron un esquema criminal con la participación de políticos de alto nivel, incluyendo presuntamente dos ex presidentes y el actual presidente de Brasil, partidos políticos, funcionarios públicos de alto rango y compañías privadas y empresarios poderosos que utilizaron sus posiciones con el fin de defraudar a la administración pública brasileña.

Paulo Roberto da Costa

Paulo Roberto Da Costa inició su carrera en la empresa Petrobras en 1977, ocupando cargos gerenciales y técnicos. En 2004 fue "apadrinado" por el Partido Progresista (PP), en aquella época dirigido por Jose Janene, para ocupar el cargo de director de Abastecimiento,[76] en el que se mantuvo hasta abril de 2012. En contraprestación por dicho apoyo, otorgó facilidades de contratación a empresas elegidas vinculadas con dicho partido político.

En consecuencia, una vez que Paulo Roberto da Costa fue nombrado gerente de Suministros en Petrobras, bajo la guía del Partido Progressista, devolvió los favores no sólo al propio PP sino también al Partido de Movimento Democrático Brasileiro (PMDB), Partido da Social Democracia Brasileira (PSDB) y Partido dos Trabalhadores (PT), al facilitarles acceso a los contratos y recursos de Petrobras[77]. De hecho, la negociación adelantada en 2010 con el Partido da Social Democracia Brasileira (PSDB) a cambio de rescatar el establecimiento del Partido da Social

---

76 Policia Federal Superintendência Regional No Estado Do Paraná, Delegacia Regional de Combate ao Crime Organizado e Delegacia de Repressão a Crimines contra o Sistema Financeiro e Desvio de Verbas Publicas (2014). *Termo de Colaboração No. 01 Termo de Declarações que presta PAULO ROBERTO COSTA*, p. 2.
77 Ibid.

Democracia Brasileira (CPI) ese año, ilustra este tráfico de favores.[78]

En 2006, Alberto Youssef se convirtió en el operador financiero de Paulo Roberto para materializar las transacciones entre las compañías de "El Club" y el Partido Progresista (PP).[79] Para coordinar los porcentajes de soborno y los detalles relacionados con los procesos de licitación, los directores de las empresas de "El Club" se reunieron regularmente con los funcionarios de Petrobras. Algunas de las empresas multinacionales que participan en este esquema ilícito/criminal fueron "OAS", "Galvao Ingenieria", "Engevix", "Iesa", "Camargo Correa", "Utc", "Odebrecht", "Méndez Junior", "Setal", "Mitsui Toyo", "Skankas", "Queiroz Galvao", "Andrade Gutiérrez" y "Tome Ingeniería"; así como empresas medianas como "Jaragua Equipamentos", "Construcap", "Engesa", "Delta" y "Toshiba".[80]

En el mismo año 2006 surgió un movimiento de algunos funcionarios de Petrobras con el propósito de remover a Paulo Roberto Costa de la administración de Suministros. Para evitarlo, el grupo parlamentario del Partido do Movimento Democrático Brasileiro (PMDB) interpuso sus buenos oficios a través de políticos como Valdir Raupp, Renan Calheiros, Romero Juca y el ministro Edson Lobao. Desde ese momento, el Partido do Movimento Democrático Brasileiro recibió una fracción de los sobornos relacionados

---

78 Ibid.
79 Ibid., p. 4.
80 Policia Federal Superintendência Regional No Estado Do Paraná, Delegacia Regional de Combate ao Crime Organizado e Delegacia de Repressão a Crimes contra o Sistema Financeiro e Desvio de Verbas Publicas (2014). *Termo de Colaboração No. 01 Termo de Declarações que presta ALBERTO YOUSSEF*, p. 3.

con los contratos de Petrobras, utilizando los servicios de Fernando Soares como operador financiero para transferir activos al PMDB.[81]

Para comprender el *modus operandi* de esta red ilícita, es esencial entender el proceso de concesión de contratos: antes de abrir una licitación, el Centro de Investigación de Petrobras (CENPES)[82] diseña un proyecto de ingeniería básica[83], luego la Comisión Presupuestaria calcula un presupuesto de referencia, definiendo un rango de precios de mercado, cargas sociales, tasas de bonificación (BDI),[84] y costos directos, entre otros. Adicional a esta Comisión Presupuestaria, existe una Junta de Licitaciones para cada proyecto; esta Junta no elabora un presupuesto de referencia, en su lugar verifica los registros de Petrobras para empresas con un Certificado de Inscripción Catastral (CRCC),[85] a fin de definir qué compañías son adecuadas para participar en la licitación. En esta etapa, en ciertas ocasiones, hay compañías que pagan un soborno a los Servicios de Administración para obtener una invitación para participar en el proceso de licitación.[86]

En este caso específico, fue a través de una tasa BDI que las empresas concretaron el fraude en el proceso de licitación. Los elementos que definen el BDI son: los

---

81 Ibid., p. 4.
82 Por sus iniciales en portugués.
83 Policia Federal Superintendência Regional No Estado Do Paraná, Delegacia Regional de Combate ao Crime Organizado e Delegacia de Repressão a Crimines contra o Sistema Financeiro e Desvio de Verbas Publicas (2014). *Termo de Colaboração No. 02 Termo de Declarações que presta PAULO ROBERTO COSTA*, p. 2.
84 Por sus iniciales en portugués.
85 Por sus iniciales en portugués.
86 Policia Federal Superintendência Regional No Estado Do Paraná, Delegacia Regional de Combate ao Crime Organizado e Delegacia de Repressão a Crimines contra o Sistema Financeiro e Desvio de Verbas Publicas (2014). *Termo de Colaboração No. 02 Termo de Declarações que presta PAULO ROBERTO COSTA*, p. 2.

beneficios del proyecto, relacionados con los riesgos de ejecutar el proyecto, y los costos indirectos que no se pueden definir con precisión en el comienzo pero que son importantes para ejecutar el proyecto,[87] agrupados como (i) administrativos local y central, (ii) comerciales, (iii) financieros y (iv) fiscales. Por lo tanto, el BDI es la suma de los componentes descritos anteriormente, expresada como un porcentaje de los costos directos, que se usa para definir el precio del trabajo.[88]

Cada empresa tenía su propio enfoque para calcular el BDI, pero estos cálculos generalmente oscilaban entre el 10% y el 20% del valor del proyecto, aunque las empresas del "El Club" a menudo excedían este porcentaje.[89] Los constructores o consorcios que contrató Petrobras incrementaban el BDI al incluir costos que no existían o precios que no coincidían con los de referencia del mercado.[90] Por lo tanto, la empresa adjudicataria cobraba un adicional sobre los costos del proyecto, lo que aumentaba significativamente el valor inicial del proyecto hasta alcanzar el monto requerido para cubrir no sólo los sobornos, sino además una ganancia extra. En general, los sobornos se pagaron a partidos políticos, funcionarios de Petrobras y a operadores financieros, luego de modificar la tasa de bonificación.[91]

Por lo tanto, si las compañías no lograran cubrir los costos adicionales y la ganancia requerida para pagar los

---

87 Ibid.
88 Ibid., p. 3.
89 Ibid.
90 Ibid.
91 Policia Federal Superintendência Regional No Estado Do Paraná, Delegacia Regional de Combate ao Crime Organizado e Delegacia de Repressão a Crimines contra o Sistema Financeiro e Desvio de Verbas Publicas (2014). *Termo de Colaboração No. 01 Termo de Declarações que presta Paulo Roberto Costa*, p. 4.

sobornos exigidos, se les excluía de las licitaciones.[92] Como resultado, los procedimientos y los costos adicionales se "institucionalizaron", aplicándose a los proyectos de Petrobras y otras entidades públicas. De hecho, el procedimiento para desviar recursos públicos se volvió permanente para favorecer a grupos políticos que dominaban cada sector económico particular o empresa pública.[93]

El porcentaje promedio pagado como soborno a los grupos políticos fue del 3% del valor total del contrato, sin embargo, en ocasiones disminuyó al 2% o incluso llegó a aumentar hasta el 15%, dependiendo de cada proyecto.[94]

Cada contratista tenía su propio mecanismo para entregar el soborno al grupo político correspondiente. En el caso específico de la Administración de Abastecimiento, el 2% fue entregado al Partido dos Trabalhadores transferido directamente a José Vaccari, y el 1% al Partido Progressista, e incluso a veces dividido entre el Partido dos Trabalhadores con el Partido de Movimento Democrático Brasileiro (PMDB) y una vez con el Partido da Social Democracia Brasileira (PSDB).[95] Respecto al 1% pagado al Partido Progressista, se distribuyó de la siguiente manera: el 25% se dedujo de los cargos por emisión de facturas y transporte, y el restante 75% se dividió en 5% para Alberto Youssef, 5% para Joào Claudio Genu, 60% para Jose Janene, y 30% para Paulo Roberto Costa.[96] Siguiendo este procedimiento, el dinero fue llevado en efectivo por y para Alberto Youssef, a través de emisarios como Rafael Ángulo López, Adarlco

92 Ibid.
93 Ibid.
94 Ibid.
95 Ibid.
96 Ibid.

Negromonte y Jaime a.k.a. "Careca". La cantidad de dinero entregado oscilaba entre 200 mil y 300 mil reales en cada oportunidad.[97]

Por su parte, para dar una apariencia legal a las transferencias financieras relativas a los sobornos, se utilizó un sistema de facturación o depósito como en el caso de "Odebrecht".[98] Así, José Janene tuvo el control contable paralelo e ilegal hasta 2010, sucedido posteriormente por Alberto Youssef, Joào Claudio Genu y Paulo Roberto Costa. En tanto que las cuentas offshore pertenecientes a Leonardo Mirelles, Nelma Penasso, Carlos Rocha y Vulgo Ceará fueron utilizados para transferir dinero a cuentas en el extranjero. Para transferir el efectivo, las transacciones fueron simuladas a través de las empresas: "MO Consultoria", "RCI Informática", "Empreiteira Rigidez", "Labogem", "Petroquímica", "Hmar y KFC Hidrossemeadura", entre otras, bajo la responsabilidad de Waldomiro de Oliveira y Leonardo Mirelles. A cambio del uso de sus empresas, Waldomiro de Oliveira y Leonardo Mirelles obtuvieron el 14.5% del costo operativo, y el 25% del 1% destinado al PP, en tanto que era su responsabilidad pagar los impuestos resultantes.[99]

Los pagos por los contratos aprobados bajo la administración de Suministros de Paulo Roberto Costa, se organizaron de la siguiente manera: 70% a Paulo Roberto, 15% a Alberto Youssef y 15% a Claudio Genu. Para completar estos pagos, se utilizaron contratos para el suministro de servicios de consultoría, firmados por Paulo Roberto Costa.

---

97 Ibid.
98 Ibid., p. 5.
99 Ibid., p. 5.

Estos contratos se formalizaron a través de "Camargo Correa" y "Engevix". Gerson Almeida administró el contrato de suministro con "Engevix", y Eduardo Leite, vicepresidente comercial de "Camargo Correa", medió un contrato de consultoría. En el caso de "Camargo Correa", el precio del contrato fue de tres millones de reales, pagados en tarifas mensuales de 100 mil reales. El contrato de "Engevix" alcanzó los 730 mil reales, con pagos mensuales de 30 mil reales, que fueron llevados a cabo por el operador Carlos Habib Chater, o mediante entregas en especie de los emisarios Rafael Angulo López o Adarico Montenegro.[100]

Pedro Jose Barusco Filho

En 1995, durante el tiempo de Pedro José Barusco Filho como jefe de Tecnología de Instalación, él mismo recibió contribuciones financieras ilícitas de la empresa "SBM", representada en ese momento por Julio Faerman, por dos contratos con la empresa "FPSO".[101] Dichos pagos ilegales ocurrieron entre 1995 y 2003, en cuotas mensuales que oscilaron entre 25 mil y 50 mil dólares. Posteriormente, en 2007 Pedro Barusco fue nombrado gerente ejecutivo de Ingeniería y firmó varios contratos con "SBM", obteniendo un total de 22 millones de dólares, que luego los transfirió a BBA Credit Stanstalt, para finalmente terminar en el Banco Safra. De dicho contrato, Renato de Souza Duque solicitó al representante de "SBM" un monto total de 300 mil dólares

---

100 Ibid.
101 Policia Federal Superintendência Regional No Estado Do Paraná, Delegacia Regional de Combate ao Crime Organizado e Delegacia de Repressão a Crimines contra o Sistema Financeiro e Desvio de Verbas Publicas (2014). *Termo de Colaboração No. 03 Termo de Declarações que presta Pedro Jose Barusco Filho*, p. 2.

como una "contribución" para el Partido dos Trabalhadores (PT).[102]

De acuerdo con la declaración de Pedro José Barusco Filho, de 2003 a 2011 se firmaron 90 contratos para grandes construcciones entre Petrobras y otras empresas en Brasil.[103] Pedro José Barusco, Renato Duque y el PT, a través de Joao Vaccari Neto, recibieron contribuciones financieras ilegales como resultado de los acuerdos mencionados.[104] Estos contratos estaban vinculados a la Administración de Abastecimiento, Gas, Energía, Exploración y Producción en Petrobras, así como a la Dirección de Servicios. En cuanto a los contratos asociados con la Administración de Abastecimiento, la tarifa fue del 2% del valor total de cada contrato, que a su vez se dividió de la siguiente manera: 1% a Paulo Roberto Costa, quien lo distribuyó al Partido do Movimento Democrático Brasileiro y al Partido Progresista; el 1% restante se dividió en 0.5% para el Partido dos Trabalhadores a través de Joao Vaccari, y 0.5% para Renato Duque, Jorge Luiz Zelade y Pedro Barusco, en el contexto denominado "la casa".[105]

En el caso de la Gerencia de Abastecimiento, los principales contratos otorgados bajo el esquema descrito fueron con "Refinería Abreu e Lima (RNEST)", "Complexo Petroquímica de Río de Janeiro (Comperj)", "Replan", "Revap", "Reduc", "Relan" y "Repar"; en el caso de Administración de Gas Energía, inicialmente dirigido por Ildo Sauer, y luego por Maria Das Graça Foster, los principales

---

102 Ibid.
103 Ibid.
104 Ibid.
105 Ibid.

contratos firmados fueron con "Gasodutos Gastau", "Urucu-Manus", "Piers de GNL", "Gasduc" y "Gascac";[106] Los contratos principales en el caso de Administración de Exploración y Produción, bajo el mando de Guilherme Estrela, fueron las plataformas P51, P52, P53, P55, P56, P57, P58, P61 y P63.[107] Finalmente, en el caso de la Dirección de Servicios, bajo la dirección de Renato Duque, algunos contratos relevantes se realizaron con "Centro de Pesquisa (Cenpes)" y "Centro de Procesamiento de Dados".[108]

Para realizar los pagos ilegales de los contratos adjudicados, se efectuaron transferencias a través de los siguientes operadores financieros: (i) Julio Gerin de Almeida Camargo por "Mitsui Toyo" y "Camargo Correa", (ii) Shinko Nakandakari por "Galvao Engenharia", "Eit" y "Contreiras", (iii) Mario por "Utc", "Mpe", "Oas", "Mendes Junio", "Andrade Gutierrez", "Schain", "Carioca" y "Bueno Engenharia".[109]

Se estima que, entre 2003 y 2013, el Partido dos Trabalhadores (PT) firmó indirectamente, a través de sus "apadrinhados", 90 contratos y recibió 200 millones de dólares en sobornos, mientras que Renato Duque y Pedro José Barusco se beneficiaron con 50 millones de dólares cada uno por la misma cantidad de contratos. [110]

---

106 Ibid., p. 4.
107 Ibid.
108 Ibid.
109 Ibid., p. 5.
110 Ibid.

"GFD", Alberto Youssef y Petrobras

Alberto Youssef creó la empresa "GFD" tras su salida de prisión para salvaguardar la riqueza de terceros. Algunas personas involucradas en este caso incluyen a José Janenecon una inversión de 13 millones, de dólares y Nelma Penasso Kodoma con 900 mil dólares.[111] En 2008, Carlos Pereira Costa fue incluido, y luego lo fueron Joao Procopio, Mario Lucio y Enivaldo Cuadrado. Eventualmente, la compañía se convirtió en una "caja chica" en la que se protegía y triangulaba el dinero relacionado con sobornos. En esta triangulación vale la pena destacar la realizada por "Sanko" y "MO Consultoria", debido a que "Camargo Correa" contrató a estas empresas para formalizar las transferencias ilegales al Partido Progresista Brasileiro.[112]

Alberto Youssef y Julio Camargo

Julio Camargo representó a "Mitsui Toyo", empresa que era parte de los contratos de Petrobras, y a "Pirelli", una empresa dedicada a proporcionar equipos a Petrobras.[113] Julio Camargo también estaba relacionado con "Camargo Correa", debido a que prestaba servicios de consultoría y gestión para los proyectos de dicha empresa, como en el caso del gasoducto Brasil-Bolivia, o incluso obras de construcción ejecutadas conjuntamente por "Camargo

---

111 Policia Federal Superintendência Regional No Estado Do Paraná, Delegacia Regional de Combate ao Crime Organizado e Delegacia de Repressão a Crimines contra o Sistema Financeiro e Desvio de Verbas Publicas (2014). *Termo de Colaboração No. 04 Termo de Declarações que presta Alberto Youssef*, p. 2.
112 Ibid., p. 3.
113 Policia Federal Superintendência Regional No Estado Do Paraná, Delegacia Regional de Combate ao Crime Organizado e Delegacia de Repressão a Crimines contra o Sistema Financeiro e Desvio de Verbas Publicas (2014). *Termo de Colaboração No. 05 Termo de Declarações que presta Alberto Youssef*, p. 2.

Correa" y "Mitsui Toyo".[114] Asimismo, Julio Camargo se encargaba de entregar los pagos a "Camargo Correa" y a Alberto Youssef.[115]

El *modus operandi* consistió en la formalización de contratos para la prestación de servicios de consultoría, intermediación y gestión a Petrobras" entre (i) "Mitsui Toyo", "Camargo Correa" y "Pirelli", y (ii) las empresas de Julio Camargo, como "Treviso", "Auguri" y "Piemonte".[116] A través de estos contratos simulados, Julio Camargo generó excedentes que estaban disponibles en cuentas, así como en propiedades de "Treviso", "Auguri" y "Piemonte".[117] Julio Camargo luego transfirió estos activos a través de "Agora Corretora", ubicada en Sao Paulo, a una cuenta extranjera operada por él mismo; la salida de recursos se logró mediante una distribución de beneficios libres de impuestos de "Treviso", "Auguri" y "Piemonte".[118]

Después de que el dinero transferido estuviera disponible en el destino previsto – sus cuentas en Suiza, Montevideo, Estados Unidos e Italia –, Julio Camargo invirtió en acciones.[119] A través de este proceso, Julio Camargo realizó operaciones de préstamo respaldadas por su cartera de acciones en bancos extranjeros; los recursos monetarios obtenidos con dichos préstamos se destinaron a ciertas cuentas indicadas por Alberto Youssef.

---

114 Ibid.
115 Ibid.
116 Policia Federal Superintendência Regional No Estado Do Paraná, Delegacia Regional de Combate ao Crime Organizado e Delegacia de Repressão a Crimines contra o Sistema Financeiro e Desvio de Verbas Publicas (2014). *Termo de Colaboração No. o8 Termo de Declarações que presta Alberto Youssef*, p. 2
117 Ibid.
118 Ibid.
119 Ibid.

Una de estas cuentas, la Devonshire Global abierta en JP Morgan Bank, Estados Unidos, se registró bajo el nombre de Carlos Pereira da Costa, aunque pertenecía a Alberto Youssef.[120] Cuentas similares fueron las de Leonardo Mirelles en virtud de las empresas ubicadas en Hong Kong "DGX", "GX", "Elite Day" y "RFY", así como las cuentas offshore propiedad de los clientes de Nelma Penasso Kodoma y Carlos Rocha.[121] Luego, los titulares de la cuenta entregaron el dinero en efectivo a Alberto Youssef en Brasil. Este modus operandi se replicó entre 2005 y 2012, lo que permitió administrar alrededor de 27 millones de reales.[122]

Un segundo modus operandi consistió en contratos sobrevalorados con respecto a la prestación de servicios con "Treviso", "Piemonte" y "Auguri", todos registrados bajo el nombre de Julio Camargo.[123] El recargo se transfirió como inversiones de las compañías en "GFD Inversiones". En estos contratos, Eduardo Leite, conocido como "Leitoso", representó a "Camargo Correa".[124] Para ejecutar las transferencias, las empresas firmaron contratos de mutuo acuerdo. Posteriormente, el dinero fue entregado a Alberto Youssef quien, a su vez, lo transfirió a Paulo Roberto Costa, Joào Genu y al Partido Progressista. Dicho esquema se utilizó durante una campaña presidencial entre 2010 y 2011, y el valor total manipulado fue de 13 millones de reales.[125]

---

120 Ibid., p. 3.
121 Ibid.
122 Ibid.
123 Ibid.
124 Ibid., p. 4.
125 Ibid.

Petrobras and "Samsung"

En 2004, "Samsung" y Petrobras firmaron un contrato con la participación de "Mitsui Toyo".[126] Para facilitar el contrato, se solicitó a Julio Camargo, en ese momento representante de "Mitsui Toyo", que pagara un porcentaje de soborno al Partido do Movimento Democrático Brasileiro (PMDB), particularmente al congresista Eduardo Cunha, a Paulo Roberto Costa y a Nestor Cuñat Cerveró, director del Área Internacional de Petrobras.[127] Para entregar el pago, Julio Carmargo entregó los sobornos a Fernando Soares, operador financiero del Partido do Movimento Democrático Brasileiro (PMDB) en Petrobras, utilizando un contrato establecido entre él, Julio Carmargo y "Samsung".[128]

Durante el tiempo de renta del alquiler de naves de Petrobras, "Samsung" suspendió las comisiones que solía recibir Julio Camargo sirviendo como intermediario, aunque "Samsung" seguía recibiendo los valores asociados a la plataforma de alquiler (generalmente por transacciones en el exterior).[129] A causa de esto, Julio Camargo demandó a "Samsung" en Londres para cancelar las comisiones por sus servicios.[130] Cuando el pago de estas comisiones se detuvo, Julio Camargo también cesó los pagos de soborno a Fernando Soares. Por este motivo, Eduardo Cunha presionó a Julio Camargo, a través de la Cámara de Diputados, para que continuara pagando los sobornos

---

126 Policia Federal Superintendência Regional No Estado Do Paraná, Delegacia Regional de Combate ao Crime Organizado e Delegacia de Repressão a Crimes contra o Sistema Financeiro e Desvio de Verbas Publicas (2014). *Termo de Colaboração No. 13 Termo de Declarações que presta ALBERTO YOUSSEF*, p. 2
127 Ibid.
128 Ibid.
129 Ibid., p. 3.
130 Ibid.

a Fernando Soares (en nombre del Partido do Movimento Democrático Brasileiro). Inclinándose ante la presión, el propio Julio Camargo pagó 6 millones de reales en efectivo a Fernando Soares, a través de Alberto Youssef.[131]

"Braskem" y Petrobras

"Braskem" es una empresa dedicada a la compra de productos de Petrobras como nafta y propano, entre otros. En 2006, se acercó José Janene a Alexandrino, alto funcionario de "Braskem", para argumentarle que "Braskem" debía vender algunos productos a Petrobras, ya que sus precios en el mercado interno eran más bajos.[132] José Janene, junto con Paulo Roberto Costa, ajustaron los precios de compra para igualarlos al mercado internacional; en retribución, se le solicitó a "Braskem" pagar una tarifa anual de 5 millones de dólares, de la cual el 30% fue entregado a Paulo Roberto Costa y el resto al Partido Progesista.[133]

El presidente de "Braskem", José Carlos, confirmó los términos del acuerdo ilegal. Después, Alberto Youssef y Alexandrino se reunieron anualmente, junto con José Janene, Paulo Roberto Costa y Joào Genu, para definir los términos de cada acuerdo y el plan de pagos de sobornos de cada año.[134] Esas reuniones tuvieron lugar desde 2006 hasta el año en que Paulo Roberto Costa dejó su cargo de director de Abastecimiento en Petrobras en 2012. Los pagos de

---

131 Ibid.
132 Policia Federal Superintendência Regional No Estado Do Paraná, Delegacia Regional de Combate ao Crime Organizado e Delegacia de Repressão a Crimines contra o Sistema Financeiro e Desvio de Verbas Publicas (2014). *Termo de Colaboração No. 16 Termo de Declarações que presta ALBERTO YOUSSEF.* p. 2.
133 Ibid.
134 Ibid.

sobornos inicialmente se transfirieron a través de cuentas en el extranjero de las empresas subsidiarias de "Braskem", siguiendo las indicaciones de Alberto Yousseff. Algunas de las cuentas utilizadas para llevar a cabo esta operación fueron las de Nelma Penasso Kodama, Carlos Alexandre Rocha y Leonardo Meirelles ("RFY", "DGX" y "Elite Day").[135] Después de que se llevaron a cabo las transacciones, Alberto Yousseff tuvo la responsabilidad de entregar el porcentaje asignado a Joao Genu, Paulo Roberto Costa y José Janene.[136]

Petrobras, "Quattor", y "Unipar"

En 2005, el propietario de "Unipar" se puso en contacto con Jose Janene para crear una nueva empresa llamada "Quattor" en asociación con Petrobras, surgiendo como competencia de "Braskem", para dominar el mercado[137]. La reunión se realizó en Sao Paulo, entre Alberto Youssef, José Janene, Joao Genu y Frank Abubakir, gerente y principal accionista de "Unipar", y José Octavio Vianello de Melo, gerente financiero de "Unipar".[138] Se acordó que la comisión ilegal para este proyecto alcanzaría 18 millones de reales, que sería pagada a Janene. [139]

Luego, Mario Negromonte intervino, y se le pagó la comisión.[140] Janene insistió en que Negromonte le pagara la porción correspondiente al Partido Progressista,

---

135 Ibid.
136 Ibid.
137 Policia Federal Superintendência Regional No Estado Do Paraná, Delegacia Regional de Combate ao Crime Organizado e Delegacia de Repressão a Crimines contra o Sistema Financeiro e Desvio de Verbas Publicas (2014). *Termo de Colaboração No. 30 Termo de Declarações que presta Alberto Youssef.* p. 2.
138 Ibid.
139 Ibid.
140 Ibid.

puesto que él había aceptado la oferta. Sin embargo, José Janene, quien no estaba satisfecho con el proceso, decidió cobrarle directamente a "Quattor". Para ese propósito, se llevó a cabo otra reunión entre Joao Genu, Frank Abubakir, José Janene, Alberto Youssef y José Octavio Vianello de Melo en Sao Paulo, en la que acordaron pagar casi 9 millones de reales a través de transferencias en especie y notas emitidas por "MO Consultoria", entre otras empresas vinculadas a Waldomiro de Olivieira.[141]

Como resultado de estos acuerdos, "Quattor" adquiriría materia prima de Petrobras a un precio menor.[142] El valor real del producto fue manipulado por la gerencia de Paulo Roberto Costa, con el fin de asegurar los intereses de "Quattor". En retribución, "Quattor" tuvo que pagar una comisión como porcentaje del precio de entrada.[143] Estas tarifas oscilaron entre 1 y 5 millones de reales. Luego, "Braskem" adquirió "Quattor", mientras el sistema de sobornos vinculado al suministro de materia prima permaneció igual.[144]

Partido Progresista

Desde 1994 hasta 2012, un grupo hegemónico dominó al Partido Progressista (PP).[145] Este grupo estaba conformado por José Janene, Pedro Henry, Pedro Correa, Flavio

---

141 Ibid.
142 Ibid.
143 Ibid., p. 3.
144 Policia Federal Superintendência Regional No Estado Do Paraná, Delegacia Regional de Combate ao Crime Organizado e Delegacia de Repressão a Crimes contra o Sistema Financeiro e Desvio de Verbas Publicas (2014). *Termo de Colaboração No. 31 Termo de Declarações que presta Alberto Youssef*. p. 2.
145 Policia Federal Superintendência Regional No Estado Do Paraná, Delegacia Regional de Combate ao Crime Organizado e Delegacia de Repressão a Crimes contra o Sistema Financeiro e Desvio de Verbas Publicas (2014). *Termo de Colaboração No. 14 Termo de Declarações que presta Alberto Youssef*. p. 2.

Derns, Nelson Meurer, João Pizzolati, Mario Negromonte, Luiz Fernando Sobrinho y José Otávio, con el papel principal de José Janene hasta su muerte.[146] Luego, Mario Negromonte asumió el liderazgo. Sin embargo, la muerte de Janene había debilitado al grupo dominante dentro del PP. Como resultado, las comisiones pagadas a los miembros disminuyeron significativamente, lo que causó disputas internas y la salida de Mario Negromonte.[147]

Con la nueva junta del PP, los pagos destinados al partido fueron entregados directamente a Arthur De Lira, líder formal de PP, a través de Henry Hoyer De Carvalho.[148] A pesar del cambio de liderazgo, los pagos ejecutados por Alberto Youssef fueron entregados a los ex miembros del partido, a través de Rafael Ángulo Lopes, Adarico Negromonte y Carlos Alexandre Rocha ("Ceará"), quienes entregaron el dinero en efectivo a los miembros del Congreso.[149] El modus operandi para completar los pagos era el siguiente:[150] los activos eran transportados en maletas en vuelos fletados u ocultos por emisarios en aviones comerciales. Para comunicarse con los parlamentarios y definir el cronograma de entregas, los emisarios usaron teléfonos exclusivos para dicha tarea, que cambiaban periódicamente para evitar los rastreos telefónicos. Esta modalidad de entrega ocurrió entre 2005 y 2012.[151]

---

146 Ibid.
147 Ibid.
148 Ibid., p. 3.
149 Ibid.
150 Ibid.
151 Ibid., p. 4.

Partido do Movimiento Democratico Brasileiro

Desde la administración del expresidente José Sarney, el Partido do Movimiento Democratico Brasileiro (PMDB) tuvo una fuerte representación en el Congreso, con un núcleo compuesto por Renan Calheiros, Romero Juca, Eunicio Oliveira, Valdir Raupp y Edison Lobao, a cargo de monopolizar los nombramientos en el Gobierno Federal, no sólo en lo que respecta a las compañías de energía, sino también a organismos reguladores y ministerios.[152] Esta influencia consistió en colocar a ciertos agentes en posiciones estratégicas del gobierno para satisfacer los intereses de las partes. Este fue el caso de Silas Rondeau Cavalcante Silva, quien fuera nombrado en varias empresas estatales dedicadas a la producción y transmisión de energía.[153] En 2005 Cavalcante Silva incluso ocupó el cargo de Ministro de Minas y Energía.

Aprovechó su posición como director de "Eletrobras" y como Ministro de Minas y Energía para facilitar la asignación y el desarrollo de proyectos. Según el testimonio de Delcidio Do Amaral, Silas se acercó a las empresas y se presentó como intermediario en nombre del núcleo del PMDB, ofreciendo a las empresas eventuales compensaciones en forma de beneficios financieros ilícitos a cambio de comisiones para el partido, como en los casos de "Jirau", "Angra" y "Belo Monte". Sin embargo, Silas nunca fungió como operador financiero en esos proyectos, sólo como un intermediario entre compañías y grupos políticos.[154]

---

152 Policia Federal Superintendência Regional No Estado Do Paraná, Delegacia Regional de Combate ao Crime Organizado e Delegacia de Repressão a Crimines contra o Sistema Financeiro e Desvio de Verbas Publicas (2016). *Termo de Colaboração No. 15 Termo de Declarações que presta Delcido Do Amaral Gomez*. p. 2.
153 Ibid., p. 3.
154 Ibid.

En 2005, después del escándalo de "Mensalão", la administración de Ignacio Lula Da Silva y el PT perdieron popularidad, lo que aumentó las posibilidades de que los funcionarios del partido fueran retirados de cargos clave. Tal fue el caso de Nestor Cerveró, director Internacional de Petrobras, y Paulo Roberto Costa, gerente de Abastecimiento de esa empresa.[155] Ambos funcionarios estaban vinculados al Partido do Movimiento Democratico Brasileiro a través de Silas Rondeau, Ministro de Minas y Energía en ese momento. Así se facilitaron procesos de licitación más flexibles para permitir que las empresas participantes obtuvieran contratos a cambio de sus "donaciones" al partido político. Siguiendo el procedimiento, en 2007 Jorge Zelade fue nombrado director Internacional de Petrobras, a pedido del PMDB, incluido el presidente Michel Temer.[156]

---

155 Policia Federal Superintendência Regional No Estado Do Paraná, Delegacia Regional de Combate ao Crime Organizado e Delegacia de Repressão a Crimines contra o Sistema Financeiro e Desvio de Verbas Publicas (2016). *Termo de Colaboração No. 2 Termo de Declarações que presta Delcido Do Amaral Gomez.* p. 3.
156 Ibid., p. 5.

Capítulo 6. La Sub-red "Eletrobras Termonuclear S.A. - Eletronuclear"

"Andrade Gutierrez": Contratista poderoso, promotor de la corrupción y el lavado de dinero

"Andrade Gutierrez" y Othon Luiz: Agentes claves en la planeación y ejecución

La sub-estructura ilícita establecida en la empresa para-estatal "Eletronuclear" operaba mediante contratos de servicios para la construcción de la Planta Termonuclear de Angra 3 por "Eletrobras Termonuclear S.A.". Cuando se levantó el secreto bancario de las empresas "Andrade Gutierrez" y "Engevix", las autoridades descubrieron que estaban involucradas en el pago de comisiones indebidas al ex presidente de "Eletronuclear", Othon Luiz, con el fin de obtener ventajas en los procesos de contratación de Angra 3. De hecho, los estados financieros de "Andrade Gutierrez" verificaron el pago de sobornos a Othon Luiz. Dichos sobornos fueron declarados como pagos de consultorías a "CG Impex", "Engenharia e Representação Comercial Ltda." y "Jnobre Engenharia e Consultoria Ltda".[157]

---

[157] El esquema de Eletrobas fue descubierto gracias a la información revelada en el acuerdo con Dalton Avancini, anterior presidente de "Camargo Correa S. A.". Autos no. 5055647-04.2014.404.7000. Disponible en: http://anexos.radaroficial.com.br/e4a126afaaf7e9a9b79c569d1eff9c98.pdf

Bruno Gonçalves Luz y Jorge Luz fueron los operadores financieros responsables de depositar R$ 276,444.92 (USD$ 85,208.00 aproximadamente) a favor de la empresa "Aratec Engenharia Consultoría & Representaciones Ltda.", controlada por Ana Cristina Toniolo, hija de Othon Luiz. También se identificó que Octavio Marques y Flavio David, bajo las órdenes del presidente de "Andrade Gutierrez", fueron los responsables de la planificación y ejecución de los contratos con "Eletronuclear".[158]

Asimismo, se identificó un vínculo entre Carlos Alberto Montenegro Gallo, director de "CG Impex", Víctor Sérgio Colavitti, gerente de la empresa "Link Projetos e Participações S.A.", y la empresa "Andrade Gutierrez", en relación a los contratos con Petrobras y "Eletronuclear". Victor Sergio Colavitti admitió que pagó sobornos a través de su compañía a "Engevix" y "Aratec", propiedad de Ana Cristina Bolognani, Ana Luiza Bolognani y Maria Célia da Silva, hijas y esposa de Othon Luiz, respectivamente. Además, bajo el nombre de la compañía "Hydropower Enterprise Ltd.", Ana Cristina y Ana Luiza Bolognani abrieron una cuenta en el Banco Havilland S.A. en Luxemburgo para recibir sobornos, utilizando los servicios de Bernardo Freiburghaus, uno de los operadores de lavado de dinero en el esquema ilícito de Petrobras.[159]

De acuerdo con la información analizada por el Ministério Público Federal y la Procuraduría General de la República, se obtuvieron los siguientes contratos con ventajas indebidas otorgadas por Othon Luiz a cambio de sobornos:

---

158 Poder Judiciário Justiça Federal Seçao Judiciária do Rio de Janeiro (2016). Sentença processo n° 0510926-86.2015.4.02.5101 Available: http://www.mpf.mp.br/para-o-cidadao/caso-lava-jato/desmembramentos/rio-de-janeiro/documentos/sentenca-radioatividade. p. 50.
159 Ibid., p. 97.

Contrato Nco-223/83 con fecha del 10 de junio de 1983: el 10 de junio de 1983, "Eletronuclear" y "Andrade Gutierrez" firmaron el contrato NCO-223/83 por la prestación de obras y servicios a Angra 3. El proyecto comenzó en junio de 1984 y fue suspendido en abril de 1986. El día 25 de junio de 2007, el Consejo Nacional de Política Energética ("CNPE") autorizó la reanudación del proyecto, motivo por el cual se renegoció el contrato NCO-223/83 para incluir los aditivos 21-L, 21-M, 21- N, 21-O, 21-P, 21-Q, 22, 23, 24, 25, 26, 27-A, extendiendo el período y exigiendo el pago fraudulento de servicios adicionales. El monto total de la adición sobre el valor original del contrato fue de R$ 1,809,584,629.00 (USD$ 557,786,366.00 aproximadamente).[160]

Contrato Gac.T/Ct-003/007 con fecha del 13 de agosto de 2007: este contrato se estableció originalmente para construir generadores de vapor de Angra 1, valorados en R$ 13.457.950,26 (USD$ 4,148,278.00 aproximadamente). Este contrato fue firmado por Othon Luiz de "Eletronuclear", Clóvis Renato y "Andrade Gutierrez", posteriormente fue modificado con una cláusula adicional el 11 de febrero de 2008, firmada por Othon Luiz de "Eletronuclear", Marcos José M. Teixeira y "Andrade Gutiérrez", incrementando su valor en R$ 1.498.772,80 (USD$ 461,981.00 aproximadamente).[161]

Contrato Gac.T/Ct-008/05 del 21 de junio de 2006: este contrato, con un valor original de R$ 15,208,074.65, se estableció para construir el tercer depósito y ampliar el segundo depósito del Centro de Gestión de Disposiciones. El contrato fue firmado por Othon Luiz, representando a "Eletronuclear", Clóvis Renato, y la empresa contratista el 21

---

160 Ibid., p. 25.
161 Ibid.

de junio de 2006. Una adición inicial aumentó el valor en R$ 1,400,000.00 (USD$ 419,268.00 aproximadamente), y una segunda adición modificó el plazo de ejecución. Othon Luiz de "Eletronuclear", Marcos José M. Teixeira y la empresa contratista firmaron ambas modificaciones el 22 de junio de 2007 y el 19 de diciembre de 2007, respectivamente.[162]

Según el colaborador Rogério Nora, Othon Luiz solicitó sobornos en 2006 durante una reunión en la sede de "Andrade Gutierrez" en Río de Janeiro. Nora también declaró que incluso antes de 2006, Othon Luiz ya había negociado con Marcos José M. Teixeira, director Regional de la empresa contratista. De hecho, Rogério Nora informó que conoció a Othon Luiz a través de Marcos José M. Teixeira, y que el demandado, luego de asumir la presidencia de "Eletronuclear", solicitó pagos indebidos a "Andrade Gutierrez" por un monto entre 20 y 30 mil reales. Marcos José M. Teixeira controlaba dichos pagos. En el caso concreto del proyecto en Angra 3, los sobornos alcanzaron el 1% del valor de los contratos.[163]

Para completar el pago de sobornos, el operador Clovis Renato transfirió aproximadamente 4 millones de reales a Othon Luiz. Después de que Rogério Nora y Clovis Renato fueran despedidos en 2013, Flávio Barra y Gustavo Botelho ejecutaron dichos pagos.[164]

Según la declaración de Flávio Barra, en 2014 Othon Luiz solicitó un nuevo pago que Gustavo Botelho realizó mediante la contratación fraudulenta de la empresa "Deustchebras". Esta transacción implicó la transferencia de R$ 300,000 (USD$ 92,472.00 aproximadamente).[165]

---

162 Ibid., p. 25.
163 Ibid., p. 29.
164 Ibid.
165 Ibid.

Además, Otávio Marques, ex presidente de "Andrade Gutierrez", declaró que desde 2008 comenzó a pagar "contribuciones políticas" a través de donaciones a campañas políticas. Marques dijo que el Partido dos Trabalhadores llegó a un acuerdo para obtener el 1% del valor de los contratos con el gobierno federal, incluido el contrato con "Eletronuclear" para las obras civiles de Angra 3. En su declaración, Rogério Nora afirmó que el trabajo de Otávio Marques en el esquema criminal se enfocaba en el establecimiento de acuerdos políticos, considerando que estuvo involucrado principalmente en la negociación con el Partido dos Trabalhadores y el Partido do Movimento Democratico Brasileiro.[166]

"Andrade Gutierrez", un poderoso contratista corrupto

Entre el 25 de junio de 2007 y el 5 de agosto de 2015 Othon Luiz negoció el pago de sobornos con "Andrade Gutierrez" en al menos 24 ocasiones. Esos sobornos fueron parte de la negociación de contratos y de los "acuerdos de modificaciones y aditivos".[167] Clóvis Renato estimó

---

166 Ibid., p. 30.
167 Se presume que así se llevo a cabo en la negociación:
• En las instalaciones de "Andrade Gutierrez" con Othon Luiz el 03/26/2008 y 07/17/2008;
• La combinación de 21-L, 21-M, 21-N, 22, 21-O, 21-P, 23, 21-Q, 24, 25, 26, 27 y 27-A aditivos del contrato NCO 223 / 83.
• Durante la ejecución del contrato Gac.T/CT-008/05 y el establecimiento del Aditivo 1.
• Durante la ejecución del contrat Gac.T/CT 003/007 y el establecimiento de Aditivo 1
• En la fase interna y externa de la convocatoria de pre-cualificación Gac.T/CN-005/1.
• En la fase interna de contratación del Gac.T/CN-003/13 (antes de publicar los resultados el 05/13/2013).
• En la fase externa de la convocatoria Gac.T/CN-003/13 (05/13/2013).
• Durante la fase de discusión sobre los descuentos con el consorcio "UNA 3" y "Angra 3" (después de la presentación de las ofertas antes de la firma del contrato Gac.T/CT-4500167239 y Gac.T/CT-450016724 el 09/19/2014).
• En la fase de ejecución de los contratos Gac.T/CT-4500167239 y Gac.T/CT-450016724 (as of 09/19/2014).

que transfirió entre 3 y 4 millones de reales a Othon Luiz, dinero que fue legalizado mediante contratos fraudulentos elaborados por Olavinho Pereira. En resumen, entre el 25 de junio de 2007 y el 5 de agosto de 2015, Othon Luiz recibió cerca de R$ 3,438,500,000.00 (USD$ 1,063,183,092.00 aproximadamente) producto de ventajas indebidas en la contratación.[168]

Considerando el valor millonario de los sobornos, llama la atención que Othon Luiz no hubiera recibido dinero en su cuenta real, ni siquiera en efectivo. Esto se debió a que con el propósito de mantener oculto el origen de los sobornos y de encubrir la operación ilícita, se establecieron acuerdos ilegales adicionales para formalizar contratos de servicios ficticios con compañías de Carlos Gallo, Josué Nobre, Geraldo Arruda y Victor Colavitti.[169]

Carlos Gallo, Clóvis Renato, Olavinho Ferreira, con la complicidad de Flávio Barra, Gustavo Botelho, Rogério Nora, Otávio Marques y Othon Luiz, participaron en operaciones de lavado de dinero ocultando y disfrazando el origen, naturaleza, ubicación, disposición, movimiento y propiedad de un monto total de R$ 2,930,000.00 (USD$ 904,077.00 aproximadamente). La compañía "Andrade Guttierrez" también incurrió en 13 oportunidades en lavado de activos, a través de las compañías "CG Impex" y "Engenharia y Representação Comercial Ltda." Para materializar esta operación de lavado de dinero, se establecieron los siguientes cuatro contratos:

---

168 Ibid., p. 44.
169 Ibid., p. 48.

Contrato de servicios de consultoría técnica, económica y financiera para el análisis de estudios relacionados con proyectos de movilidad urbana como la carretera vial de conexión en la región metropolitana de Río de Janeiro, por un valor de 300 mil reales (USD$ 92,567.00 aproximadamente) el día 2 de febrero de 2009. Carlos Gallo firmó en nombre de "CG Impex", mientras Clóvis Renato y Olavinho Ferreira firmaron como testigos para "Andrade Gutierrez".[170]

Contrato de servicios de consultoría técnica, económica y financiera para optimizar costos en las regiones Oeste, Este y Norte por un valor de 1 millón de reales (USD$ 308,425.00 aproximadamente), en enero de 2010. Carlos Gallo firmó en nombre de "CG Impex" mientras Clóvis Renato y Olavinho Ferreira firmaron como testigos de "Andrade Gutierrez".[171]

Primera modificación al contrato de prestación de servicios de enero de 2010, por un valor de R$ 1,330,000.00 (USD$ 410,172.00 aproximadamente). Carlos Gallo firmó en nombre de "CG Impex" y Clóvis Renato por "Andrade Gutierrez".[172]

Contrato de servicios de consultoría técnica, económica y financiera con fecha del día 18 de agosto de 2011, para optimizar costos en empresas públicas y/o privadas en la región Sureste por un valor de 1.3 millones de reales (USD$ 401,099.00 aproximadamente). Carlos Gallo firmó en representación de "CG Impex", y Clóvis Renato y Olavinho Ferreira como destinatario y testigo de "Andrade Gutierrez".[173]

---

170 Ibid., p. 51.
171 Ibid.
172 Ibid.
173 Ibid.

Para justificar estos contratos, "CG Impex" emitió facturas fiscales fraudulentas por R$ 2,930,000.00 (USD$ 904,049.00 aproximadamente). De acuerdo con la declaración de Flávio Barra, todos los contratos de servicios fueron fraudulentos. Esta declaración fue corroborada en la declaración proporcionada por Rogério Nora, confirmando que Clóvis Renato operacionalizó estos pagos.[174]

"Aratec": Sistema de lavado de dinero que beneficia a Othon Luiz y su familia

"CG Impex": Lavado de dinero para "Aratec"

Además de los contratos firmados entre "Andrade Gutierrez" y "CG Impex", se establecieron otros cinco contratos fraudulentos entre "CG Impex" y "Aratec", ocultando el origen, naturaleza, ubicación, disposición, movimiento y propiedad de un monto bruto de R$ 2,045,001.53 (USD$ 630,529.00 aproximadamente), a través de 38 transacciones por un valor neto de R$ 1,919,233.94 (USD$ 592,033.00 aproximadamente).[175]

Clóvis Sobrinho, Olavinho Ferreira, Flávio Barra, Gustavo Botelho, Rogério Nora y Otávio Marques confiaron a Carlos Gallo la tarea de transferir sobornos a "Aratec", empresa controlada por Othon Luiz y su familia. Específicamente, los siguientes cinco contratos se establecieron con "Aratec":

Contrato de servicios de consultoría técnica con fecha del día 31 de octubre de 2008 entre "CG Impex" y "Aratec" para el análisis del complejo Padre Adelino en Av. Salim

---

174 Ibid.
175 Ibid., p. 56.

Farah Maluf, SP, por un valor de 168 mil reales (USD$ 51,841.00 aproximadamente). El contrato fue firmado por Carlos Gallo en representación de "CG Impex", y por Ana Cristina, hija de Othos, en representación de "Aratec".[176]

Contrato de servicios de consultoría entre "CG Impex" y "Aratec" fechado el día 15 de enero de 2009 para el montaje electromecánico para la obtención de combustibles, por un valor de 82 mil reales (USD$ 25,295.00 aproximadamente). Este contrato fue firmado entre "CG Impex" y "Aratec".[177]

Contrato de servicios de consultoría técnica del día 1 de septiembre de 2009 entre "CG Impex" y "Aratec" para el estudio de la funcionalidad mecánica en el complejo Padre Adelino en Av. Salim Farah Maluf, SP, parte 2, por un valor de 400 mil reales (USD$ 123,373.00 aproximadamente). Este contrato también fue firmado entre "CG Impex" y "Aratec".[178]

Contrato de servicios de consultoría entre "CG Impex" y "Aratec" fechado el día 1 de mayo de 2010 para el montaje electromecánico de plantas de combustibles, petróleo y gas R&D, por un valor de 250 mil reales (USD$ 77,101.00 aproximadamente).[179]

Contrato de prestación de servicios con fecha del 1 de julio de 2010 para analizar la propuesta del marco regulatorio, valorado en 100 mil reales (USD$ 30,844.00 aproximadamente).[180]

---

176 Ibid.
177 Ibid.
178 Ibid.
179 Ibid.
180 Ibid., p. 57.

Según Carlos Gallo, estos contratos eran fraudulentos, ya que "CG Impex" no prestó ningún servicio real a "Aratec". Ana Cristina admitió que "Aratec" tampoco prestó servicios a "CG Impex" y que Othon Luiz y Carlos Gallo recibieron los montos pagados a la empresa.

"Jnobre Engenharia": Lavado de dinero para "Aratec"

Josué Nobre, Clóvis Renato, Olavinho Ferreira, Flávio Barra y Gustavo Botelho, bajo la guía y consentimiento de Othon Luiz y Otávio Marques, ocultaron el origen, naturaleza, ubicación, arreglo, movimiento y la propiedad de 1.4 millones de reales (USD$ 431,891.00 aproximadamente) a través de cinco transacciones bajo contratos ficticios establecidos entre "Andrade Gutierrez" y "Jnobre Engenharia". Cada contrato fraudulento era un instrumento para el lavado de dinero.

Josué Nobre emitió notas fiscales a favor de "Andrade Gutierrez" por un valor total de 1.4 millones de reales. Nobre también reconoció la existencia de un contrato ficticio por el mismo valor de 1.4 millones de reales firmado bajo la dirección de Carlos Gallo.[181]

Una vez que los pagos de "Andrade Gutierrez" se acreditaron en las cuentas bancarias de "Jnobre", Ana Cristina y Josué Nobre, con la participación de Carlos Gallo, simularon contratos de servicios entre "Jnobre" y "Aratec", así como facturas fraudulentas a "Aratec" para ocultar el origen, naturaleza, ubicación, disposición, movimiento y propiedad del monto bruto de R$ 927,500.00 (USD$ 286,122.00 aproximadamente).

---

181 Ibid., p. 59.

"Deutschebras": Lavado de dinero para "Aratec"

Flávio Barra, Gustavo Botelhol, Geraldo Arruda y Otávio Marques, supervisados por Othon Luiz, ocultaron el origen, naturaleza, ubicación, disposición, movimiento y propiedad de 330 mil reales (USD$ 101,801.00 aproximadamente), a través de una sola transacción basada en un contrato ficticio entre "Andrade Gutierrez" y "Deutschebras", gestionado por Geraldo Arruda.[182]

Asimismo, Flávio Barra y Gustavo Botelho firmaron un contrato ficticio entre "Andrade Gutierrez" y "Deutschebras" el 15 de agosto de 2014, por un valor de 330 mil reales, destinado a prestar servicios para un proyecto de diseño de sistemas de seguridad para los pisos 14 a 20 de la Torre Oscar Niemeyer.[183]

Además, Geraldo Arruda, Flávio Barra, Ana Cristina, Gustavo Botelho, Otávio Marques y Othon Luiz simularon, el día 12 de diciembre de 2014, un contrato de servicios entre "Deutschebras" y "Aratec" para ocultar el origen, naturaleza, ubicación, disposición, movimiento y propiedad de la cantidad de R$ 252,300.00 (USD$ 77,827.00 aproximadamente).[184]

---

182 Ibid., p. 64.
183 Ibid.
184 Ibid., p. 66.

Corrupción Activa de "CG Engevix S.A."

Captura del proceso de contratación en "Eletronuclear"

Según la acusación, los representantes de "Engevix", José Antunes y Cristiano Kok, ofrecieron y prometieron 29 veces pagos indebidos al acusado Othon Luiz para omitir o retrasar un acto de oficio durante varias licitaciones y contratos,[185] de la siguiente manera:

Contrato CT-141 entre "Engevix SA" y "Eletronuclear" (Licitación GAC.T-009/05- adición 16). Firmado el día 17 de febrero de 1982 para la ejecución de ingeniería y consultoría en la construcción civil de la Central Nuclear Almirante Álvaro Alberto, Unidades 2 y 3 (Angra 2 y Angra 3). Con la decimosexta adición fechada el 29 de junio de 2005, el objeto del contrato se restringió a la retirada de Angra 2. Después de reanudar la construcción de la Planta Angra 3 (Resolución No. 3 del CNPE el 25/06/2007), hubo negociaciones para las enmiendas del contrato original (Aditivo 19) entre "Engevix" y "Eletronuclear". El Aditivo 19, del 4 de abril de 2012, fue firmado por Othon Luiz, Sergio Capellão, Ronaldo Ferreira, revisando la cláusula vigésima primera del contrato CT-141. El valor total del contrato

---

185 Como resultado, Othon Luiz fue suspendido de ejercer cargos públicos por las siguientes acciones: 1. Preparar edictos en las convocatorias de contratación: Gac.T/CN 003/2010, Gac.T/CN 005/2010, GAT.CN/006/2010, Gac.T/CV 027/2-11, Gac.T.CV 041/2011 y Gac.T/CN-012/2012 de Eletronuclear; 2. Fijar el aditivo 19 y la ejecución del contrato CT-141, 3. Ejecución de los contratos Gac.T/CT-033/10, Gac.T/CT-4500136548, GAC.T/AS-4500145718, Gac.T/CT 4500146846, Gac.T/AS 4500149995; Gac.T/CT 4500160692 firmados entre Engevix y Eletronuclear; y, Gac.T/CT-4500151462 firmado entre "AF Consult" y "Eletronuclear".

original, 7.7 millones de reales (USD$ 2,375,229.00 aproximadamente), se incrementó a 12.3 millones de reales (USD$ 3,808,695.00 aproximadamente).[186]

Concurso de licitación Gac.T/CN-005/2010 (Procedimiento Gac.T-034/09) y **Contrato Gac.T/Ct-033/10**. Se publicó la licitación Gac.T/CN-005/2010 el 28 de mayo de 2010, para la contratación de servicios técnicos especializados de ingeniería civil (Paquete 1: cálculos de estructura de Angra 3), optando por la modalidad de oferta técnica y fijación de precios. Las empresas "Engevix", "Gempro" e "Intertechne" participaron en la licitación, aunque la única empresa calificada fue "Intertechne" con una propuesta de R$ 13,492,938.88 (USD$ 4,162,495.00 aproximadamente), frente a la propuesta de "Engevix" de R$ 14,274,091.09 (USD$ 4,403,273.00 aproximadamente). "Engevix" ocupó el primer lugar en el concurso basado en la evaluación de la propuesta adoptando un Índice Técnico, firmando el contrato GAC.T/CT-033/10 para la prestación de servicios de ingeniería técnica especializada, con un valor original de R$ 13,979,888.05 (USD$ 4,312,496.00 aproximadamente). Este contrato fue firmado por Othon Luiz de "Eletronuclear" y Sergio Luiz F. Capellão de "Engevix". El 8 de febrero de 2012 se firmó la primera modificación aditiva para aumentar el valor del contrato en R$ 2,977,258.35 (USD$ 918,330.00 aproximadamente).[187]

Aviso de convocatoria Gac.T/CN-003/2010 (Procedimiento Gac.T004/10) y **Contrato Gac.T/CT-4500136548 y Gac.T/CN-003/2010**, publicada el 28 de mayo de 2010 para contratar servicios técnicos especializados del Proyecto de Tuberías del Área Externa e Interconexión

---

186 Ibid., p. 75.
187 Ibid., p. 76.

de Tubovia de la Unidad 3 con la Unidad 2 de Angra 3. También en la modalidad de oferta técnica y fijación de precios. "Engevix", "Cappe", "Chemtec", "Genpro" y "Marte" asistieron a la convocatoria, de las cuales solo "Marte" con una propuesta de R$ 2,720,600.00 (USD$ 839,204.00 aproximadamente), y "Engevix", con una propuesta de R$ 2,336,983.27 (USD$ 720,885.00 aproximadamente), fueron autorizadas para participar. El 30 de marzo de 2011 "Engevix" ganó la licitación Gac.T/CT-4500136548 con un valor original de R$ 2,288,791.70 (USD$ 705,974.00 aproximadamente). El 2 de febrero de 2012 se introdujo una modificación (formulario 1) en el contrato, alterando los anexos sin la modificación del valor contractual. Los aditivos 2 y 3, con fecha del 1 de noviembre de 2012 y 6 de mayo de 2014, respectivamente, alteraron el período de ejecución de los servicios contratados.[188]

Aviso de convocatoria Gac.T/CV-027/2011 (Procedimiento Gac.T-029/11) y **Contrato Gac.T/As-4500145718**. El 17 de noviembre de 2011 "Eletronuclear" publicó un llamado a licitación Gac.T/CV-027/2011 para la provisión de servicios de ingeniería relacionados con la preparación de proyectos ejecutivos para el edificio de Apoyo, ampliación de la Pasarela y Muelle Flotante en la Playa del Frade en el municipio de Angra dos Reis. Las empresas "Engevix", "Leme" y "Nitrio" participaron en la licitación. "Engevix" ganó la licitación y firmó con "Eletronuclear" el contrato Gac.T/AS-4500145718 por un valor original de R$ 118,800.00 (USD$ 36,647.00 aproximadamente). El Aditivo 1 se firmó el 3 de mayo de 2012 para extender el período de ejecución de los servicios durante 120 días calendario.[189]

---

188 Ibid.
189 Ibid.

Aviso de convocatoria Gac.T/CN-006/2010 (Proceso Gac.T-033/09) y **Contrato Gac.T/CT-4500146846**, con el objetivo de brindar servicios técnicos de ingeniería especializados al Paquete Electromecánico 2 asociado a la Unidad Secundaria 3 de Angra 3. Participaron en la licitación las empresas "Engevix", "Chemtech", "Intertechne", "Leme" y "Marte". Hubo algunas empresas autorizadas: "Intertechne" con una propuesta de R$ 109,106,400.73 (USD$ 33,657,047.00 aproximadamente), "Marte" con una propuesta de R$ 119,600,000.00 (USD$ 36,893,881.00 aproximadamente), "Leme" con una propuesta de R$ 122,422,326.00 (USD$ 37,764,504.00 aproximadamente) y "Engevix" con una de R$ 109,078,994.54 (USD$ 33,647,361.00 aproximadamente).[190]

Luego de la evaluación de propuestas con base en el Índice Técnico, "Engevix" calificó en el primer lugar en el concurso, firmando el 21 de diciembre de 2011 el contrato Gac.T/CT-4500146846 por un valor de R$ 109,098,115.07 (USD$ 33,647,361.00 aproximadamente). El 11 de noviembre de 2013 se firmó el Aditivo 1, modificando las cláusulas contractuales relacionadas con las condiciones de pago y facturación. El 31 de marzo de 2014 el Aditivo 2 modificó las cláusulas contractuales e incrementó el valor del contrato en R$ 14,746,428.48 (USD$ 4,549,128.00 aproximadamente), llegando su valor total a R$ 123,844,543.55 (USD$ 38,204,828.00 aproximadamente). El 12 de agosto de 2014 se firmó el Aditivo 3 que incluía una cláusula de exención específica y una modificación en el anexo contractual.[191]

Aviso de convocatoria CV-041/11 (Proceso 053/11) y de contratación **Gac.T/As-4500149995.** La convocatoria

---

190 Ibid., p. 78.
191 Ibid.

de licitación Gac.T/CV-041/2011 fue difundida a través de una carta de invitación para la contratación de servicios de ingeniería para la "Elaboración de Proyectos Ejecutivos y Legales de la Construcción de la Puerta de Enlace y Atractivo Flotante en la Playa Roja, Municipio de Angra dos Reis-RJ". Las empresas "Engevix", "Leme", "Engeservice" y "Nitrio" asistieron a la licitación. "Leme" no presentó propuesta. "Engevix" propuso R$ 106,800.00 (USD$ 32,946.00 aproximadamente), "Nitrio" R$ 110,300.00 (USD$ 34,025.00 aproximadamente) y "Engeservice" R$ 259 mil (USD$ 79,895.00 aproximadamente). "Engevix" fue el ganador y firmó el contrato Gac.T/AS-4500149995 el 6 de marzo de 2012, por un valor original de R$ 103,000.00 (USD$ 31,773.00 aproximadamente).[192]

Aviso de convocatoria Gac.T/CN-012/2012 (Proceso Gac.T-006/12) y de **contratación Gac.T/As-4500160692.** El 26 de junio de 2012 se publicó el anuncio de licitación Gac.T/CN-012/2012 para contratar Servicios Técnicos Especializados para el Paquete Civil de Ingeniería 2 - Proyectos de Construcción de las Unidades 3 de Angra 3. Las compañías aprobadas fueron "Genpro" con una propuesta de R$ 9,210,717.29, "Intertechne" con una propuesta de R$ 10,799,009.00, "Sei", con una propuesta de R$ 11,113,495.81, "Epc" con una propuesta de R$ 11,578,225.18, "Leme" con una propuesta de R$ 11,731,855.86 y "Engevix" con una propuesta de R$ 11,827,233.72.[193]

Aviso de convocatoria Gac.T/CO.I-004/2010 y de contratación **Gac.T/CT-4500151462.** La invitación para licitar Gac.T/CO.I-004/2010 se publicó el 28 de mayo de 2010, a modo de competencia internacional para contratar

---

192 Ibid., p. 79.
193 Ibid., p. 78.

servicios de ingeniería técnica especializados para el paquete electromecánico 1 asociado a la Unidad primaria 3 de Angra 3. La empresa "AF Consult Ltd. Finland" ganó, adquiriendo el compromiso de que la totalidad de los servicios contratados deberían realizarse en Brasil. Por requerimiento contractual, "AF Consult Ltd. Finland" subcontrató a las empresas "AF Consult Ltda. Brasil" y "Engevix". El contrato del área de la planta nuclear fue firmado el 24 de mayo de 2012, por un valor de R$ 162,214,551.43 (USD$ 50,037,761.00 aproximadamente), y se acordó que el 80% de los pagos se haría en Brasil y el 20% restante en el exterior (contrato Electromecánico 1). El 8 de diciembre de 2014 se acordó el primer aditivo de la enmienda, aumentando en un 4.07% el valor original del contrato.[194]

"Link Projetos", intermediario de "Engevix"

Jose Antunes y Cristiano Kok, ejecutivos de "Engevix", ofrecieron y prometieron ventajas indebidas a Othon Luiz para practicar, omitir y retrasar decisiones relacionadas con sus funciones entre el 25 de junio de 2007 y el 8 de mayo de 2015. "Engevix" simuló contratos con la compañía "Link Projetos" el 30 de mayo de 2010, como una estrategia para lavar dinero relacionado con los sobornos pagados a Othon Luiz.[195]

Como resultado, José Antunes, Cristiano Kok y Victor Colavitti, a través de la gestión de Othon Luiz, ocultaron el origen, naturaleza, ubicación, disposición, movimiento y propiedad de un monto bruto de R$ 1,529,166.00 (USD$

---

194 Ibid.
195 Ibid., p. 87.

471,715.00 aproximadamente) en 44 transacciones. Estas transacciones se sustentaron en cuatro contratos ficticios establecidos entre "Engevix" y "Link Projetos".[196]

Contrato 4000/00-M0-PJ-1050/10 del 05 de mayo de 2010 por 500 mil reales (USD$ 154,233.00 aproximadamente), fragmentado en 16 pagos de R$ 31,250.00 (USD$ 9,639,00 aproximadamente) cada uno.

Contrato AX0001-00-X0-PJ-0196-12 del 24 de mayo de 2012 por 250 mil reales (USD$ 77,117.00), dividido en ocho pagos de R$ 31,250.00 (USD$ 9,639.00 aproximadamente) cada uno.

Contrato AX0001/00-X0-PJ-0264-13 del 15 de enero de 2013 por 250 mil reales (USD$ 77,117.00 aproximadamente), la primera porción por un valor de R$ 31,250.00 (USD$ 9,639.00 aproximadamente) y los demás por R $ 14,583.00 cada una.

Contrato AC001/00-C0-PJ/0058-14 del 21 de enero de 2014 por un valor de 450 mil reales (USD$ 138,818.00 aproximadamente), fragmentado en 12 porciones de R$ 37,500.00 (USD$ 11,568.00 aproximadamente) cada una. Una vez que los pagos de "Engevix" se acreditaron a las cuentas de "Link Projetos", los demandados Ana Cristina y Victor Colavitti simularon contratos para la prestación de servicios entre "Link Projetos" y "Aratec", con el fin de justificar la transferencia de 1 millón de reales (USD$ 308,498.00 aproximadamente) a través de 35 transferencias a "Aratec".[197]

---

196 Ibid.
197 Ibid., p. 89.

José Antunes, Cristiano Kok y Ana Cristina también ocultaron y disfrazaron la naturaleza y movimiento de 30 mil reales (USD$ 9,254.00 aproximadamente) a través de una transacción entre "Engevix" y "Aratec". Para ocultar la naturaleza y el movimiento de dicho monto, Ana Cristina emitió el 11 de diciembre de 2014 la factura 620/2015 por un valor de 30 mil reales, relacionada con servicios de consultoría supuestamente prestados por "Aratec" a favor de "Engevix". Esta cantidad se transfirió a Othon Luiz el 8 de enero de 2015.[198]

Finalmente, Othon Luiz con su hija Ana Cristina como cómplice, mantuvo la cantidad de R$ 185,797.01 (USD$ 57,318.00 aproximadamente) en las cuentas LU36 3184 0287 8000 OUSD, N. 00402878_0 en el Banque Havilland en Luxemburgo, en representación de la compañía offshore "Hydro Power Enteprise Ltd.", sin declarar la existencia de estos valores al Banco Central de Brasil. Estos valores resultaron directa o indirectamente de actividades ilícitas y se mantuvieron en dicha cuenta offshore entre el 10 de octubre de 2014 y el 17 de octubre de 2015. Ana Cristina abrió la cuenta en agosto de 2014 en nombre de una empresa ubicada en Hong Kong, que pertenecía a "Well Channel Ltd.", también registrada en Hong Kong, que figuraba como propiedad de Ana Cristina y su hermana Ana Luíza Barbosa de Silva Bolognani.[199]

---

198 Ibid., p. 90.
199 Ibid., p. 91.

Contratación de servicios de montaje electromecánico para "Angra": Cooptación de siete contratistas

Fase interna de licitación

Las investigaciones llevadas a cabo por el Ministerio Público brasileño revelaron que la negociación entre los representantes de las empresas contratantes y Othon Luiz ocurrió incluso antes de la publicación del Edicto GAG.T/CN-005/11, en agosto de 2011. Por lo tanto, el edicto pudo haber sido especialmente diseñado para satisfacer los intereses de las empresas involucradas a través de cláusulas restrictivas para excluir a otros postores potenciales en la fase de selección.[200]

En la declaración, basada en el acuerdo especial alcanzado por el Ministerio Público con Dalton Avancini, se afirma que Luis Carlos Martins, ex director de Energía de "Eletronuclear" y los representantes de "Camargo Correa", "UTC", "Odebrecht", "Andrade Gutierrez", "Queiroz Galvão", "Techint" y "Ebe" modificaron el edicto para beneficiar a estos siete contratistas. Esta información fue confirmada durante la audiencia celebrada el 14 de diciembre de 2015, en la cual se confirmaron los ajustes de cláusulas para restringir la competencia, limitando el número de empresas que podrían calificar y favoreciendo a pocos contratistas con "extensa experiencia en este tipo de trabajo".[201]

---

200 Ibid., p. 35.
201 Ibid.

Dalton Avancini también afirmó que hubo una decisión conjunta entre las empresas contratantes y "Eletronuclear" para mantener los requisitos del edicto y así continuar beneficiando a los contratistas involucrados.

Fase externa de licitación

La evidencia sugiere que Othon Luiz no sólo era consciente de la colusión entre empresas, sino que también participó directamente en el establecimiento de la estrategia del cartel, como lo demuestran los correos electrónicos intercambiados entre los directores de los contratistas entre el 8 y 12 de noviembre de 2013.[202]

El colaborador Ricardo Pessoa confirmó que el "Consorcio Angramon" fue contactado por correo electrónico para una reunión en la sede de "UTC" el 9 de enero de 2014, para discutir cómo pagar comisiones indebidas al Ministerio de Minas y Energía y al "UTC" (Tribunal de Cuentas). El colaborador Dalton Avancini también confirmó su participación en esa reunión, en la que se discutió el esquema de cartelización y el pago de sobornos para los contratos con "Eletronuclear". Flávio Barra de "Andrade Gutierrez", Ricardo Ourich de "Technit", Ricardo Pessoa de "UTC", Fabio Gandolfo de "Odebrecht", Renato de "EBE" y Petrônio de "Queiroz Galvo", asistieron a la reunión.[203]

Otros empresarios como Gustavo Botelho de "Andrade Gutierrez" y Luiz Carlos de "Camargo Correa" declararon que en 2009 participaron en un encuentro con el grupo de empresas interesadas en formar un consorcio

---

202 Ibid., p. 38.
203 Ibid.

para participar en la licitación. También declararon que hubo reuniones previas con Othon Luiz y otros representantes de "Eletronuclear" para discutir sobornos a cambio de ventajas indebidas en las licitaciones.[204]

---

204 Ibid., p. 39.

Capítulo 7. Las Sub-redes "Sergio Cabral" y "Marco Antonio di Luca"

Sergio Cabral: Corrupción en el Estado de Río

Según la investigación llevada a cabo durante las operaciones Calicute y Eficiencia, se reveló una estructura ilícita articulada por el ex gobernador de Río de Janeiro, Sergio Cabral, que involucraba actividades delictivas de corrupción y lavado de dinero. Según las fuentes judiciales, dicha sub-red desvió más de 100 millones de reales (USD$ 30,848,216.00 aproximadamente) del presupuesto público, a través de transferencias de activos al exterior. Desde que Sergio Cabral asumió el cargo de Director Ejecutivo del Estado de Río de Janeiro el 1 de enero de 2007, instituyó una tasa de soborno del 5% que se aplicaba a todos los contratos administrativos con el Estado.[205]

Mediante un acuerdo de declaración de culpabilidad firmado con Renato Hasson Chebar y Marcelo Hasson Chebar, se reveló que Sergio Cabral utilizó a Renato Chebar, operador del mercado financiero, para ocultar en cuentas bancarias extranjeras los flujos de dinero resultantes de los sobornos que recibió en Brasil.

---

205 Ministério Público Federal & Procuraduria da República no Estado do Rio de Janeiro (2017). *Processo de autos n° 0504048-77.2017.4.02.5101; Autos n° 0503012-97.2017.4.02.5101.*

Entre los casos de corrupción en los que estuvo involucrado Sergio Cabral, se encuentran: el mantenimiento del Estadio Maracaná, el proyecto PAC-Favelas y la construcción del Arco Metropolitano del Estado de Río de Janeiro.[206]

Con el fin de ilustrar esta estructura ilícita, es necesario identificar cuatro núcleos: (i) el núcleo político establecido por el líder de la organización criminal, Sergio Cabral, (ii) el núcleo económico formado por los ejecutivos de las empresas contratadas ejecutoras de proyectos para el Estado, (iii) el núcleo administrativo conformado por gerentes del Estado, y (iv) el núcleo financiero y operativo configurado por individuos a cargo de recibir los sobornos y legalizar el dinero.

La denuncia presentada por la Fiscalía en el marco de la "Operación Calicute" identifica dos hechos ilícitos: corrupción activa y pasiva, y posterior lavado de activos, en torno a los contratos celebrados entre el gobierno de Río de Janeiro y las compañías "Andrade Gutierrez", "Delta", "Carioca Engenharia", "OAS", "Queiroz Galvao", "Camargo Correa", "Camter", "EIT" y "Odebrecht", entre otras utilizadas para el lavado/blanqueo de activos.[207]

Los hechos identificados pueden resumirse de la siguiente manera: los jefes ejecutivos de "Delta", "Andrade Gutierrez", "Carioca Engenharia", "Odebrecht", "OAS", "Queiroz Galvao", "Camargo Correa", "Camter" y "EIT" crearon un grupo cartelizado que actuó para eliminar la competencia en licitaciones de obras públicas en el Estado de Río de Janeiro. Para ganar tales procesos de licitación, este grupo estableció acuerdos ilegales con funcionarios

---

206 Ibid.
207 Ibid.

públicos para obtener ventajas en las licitaciones. En este caso particular, el grupo de empresas prometió pagar al ex gobernador, Sergio Cabral, al ex secretario de Estado, Wilson Carlos, y al subsecretario de Obras Públicas, Hudson Braga, un soborno del 5% sobre valor total de cada contrato. Como resultado de estos acuerdos preliminares, fue posible eliminar la competencia potencial, garantizando que sólo las empresas cartelizadas cumplieran con los requisitos.[208]

"OAS" y "Odebrecht": Fraude en licitación pública y restauración del estadio Maracaná

Entre mediados de 2009 y el 11 de agosto de 2010, Sergio Cabral, Wilson Carlos, Hudson Braga, Louzival Luis Lago Mascarenhas Junior y Marcos Antonio Borghi – representante de "OAS" –, Fernando Cavendish – representante de "Delta" –, y Benedicto Barbosa Junior, Eduardo Soares Martins e Irineu Berardi Miereles – representantes de "Odebrecht" –, cometieron fraude mediante ajustes en la licitación para la restauración y modernización del Estadio Maracaná.

Según las investigaciones, los acuerdos anticompetitivos para obtener ventajas indebidas durante la licitación pública entre estas compañías constructoras y el gobierno de Río de Janeiro se establecieron en junio de 2009. En estas discusiones preliminares se acordó, por ejemplo, la fijación de precios regulatorios, así como las condiciones y ventajas para las empresas involucradas en las obras de construcción. Asimismo, se pactó una segmentación del mercado, lo que permitió la formación de un consorcio entre compañías

---

208 Ibid.

y la eliminación de propuestas para asegurar apariencia de legalidad durante los procedimientos de licitación. Esta estructura ilícita operaba en el territorio nacional controlando las obras de renovación, modernización y construcción de estadios para la Copa del Mundo 2014.

Antes del llamado a licitación, el gobernador Cabral asignó la renovación del Estadio Maracaná a "Odebrecht" y "Delta". Para participar, "Andrade Gutierrez" negoció con "Odebrecht" un porcentaje en otras obras en las que tomó parte dicha empresa. Posterior a ello, "Odebrecht" y "Andrade Gutiérrez" acordaron pagar cada uno el 5% del valor del contrato a Sergio Cabral, como una retribución por la asignación de la licitación.

En el contexto de la dinámica desarrollada por esta estructura ilícita, y con el fin de otorgar legitimidad al concurso de licitación, la empresa "OAS" participó con una propuesta considerablemente más costosa que el resto del consorcio, por lo que todo indica que el ganador fue elegido debido al precio ventajoso y aspectos técnicos propuestos. Para establecer este acuerdo, los representantes de las empresas "OAS" y "Odebrecht" se reunieron en varias ocasiones: 8 de diciembre de 2009, 15 de diciembre de 2009, 17 de diciembre de 2009, 4 de enero de 2010, 6 de enero de 2010, 1 de febrero de 2009 y 11 de febrero de 2010. Una vez que "OAS" y "Odebrecht" acordaron las condiciones, las empresas presentaron sus propuestas en el concurso para dar una imagen de competencia formal.

Según un análisis presentado por el Tribunal de Cuentas de la Unión, la existencia de sobreprecios en la propuesta ganadora era necesaria para obtener mayores recursos públicos a través del Banco Nacional de Desarrollo (BNDES).

Además de este recargo inicial, se presentaron 16 adiciones contractuales que aumentaron el valor inicial del trabajo declarado en 720 millones de reales (USD$ 222,099,237.00 aproximadamente), llegándose a un monto final de R$ 1,201,740,672.43 (USD$ 370,702,342.00 aproximadamente), del cual fueron pagados R$ 1,198,220,000.00 (USD$ 369,621,122.00 aproximadamente). Cabe señalar que un aumento tan alto de los montos solo fue plausible con la colaboración de Sergio Cabral y su organización ilícita que controlaba y verificaba la ejecución general del proyecto.

Fraude en licitaciones públicas para el proyecto Pac-Favelas

Entre el 10 de mayo de 2007 y febrero de 2008, Sergio Cabral, Wilson Carlos, Hudson Braga y Caro Moreno Junio, ex presidente de la Empresa de Obras Públicas (EMOP), en colaboración con Juárez Miranda Junior, representante de "Camter", Benedicto Junior, Marcos Vidigal do Amara y Karine Karaoglan Khoury Ribeiro, representantes de "Odebrecht", Marcelo Duarte Ribeiro, representante de "OAS", Mauricio Rizo y Gustavo Souza, representantes de "Queiroz Galvao", Paulo Meriade Duarte, representante de "Delta", Paulo Cesar Almeida Cabral, representante de "EIT", José Gilmar Francisco de Santana, representante de "Camargo Correa", Ricardo Pernambuco, accionista de "Carioca Engenharia", así como representantes de "Andrade Gutierrez", controlaron exitosamente los contratos de licitación del proyecto denominado PAC-Favelas, a través de la fijación artificial de precios sobre cantidades vendidas y producidas, de acuerdos ilegales con funcionarios públicos y de modificaciones en las licitaciones.

Para ilustrar cronológicamente las acciones del esquema ilícito, los eventos serán explicados en tres fases: (i) antes de la licitación, (ii) durante la licitación y (iii) durante la ejecución del contrato de construcción.

Fase I: Antes de la licitación

La primera fase de los acuerdos ilegales entre las empresas y funcionarios públicos tuvo lugar entre el 7 y el 10 de mayo de 2007, en el Palacio de Guanabara. En dicha reunión, Wilson Carlos presentó a los representantes de las empresas el proyecto de urbanización para las favelas Rocinha, Manguitos y Alemao. Carlos indicó que las obras se licitarían en tres lotes diferentes y que la licitación pública debería ser liderada por las empresas "Queiroz Galvao", "Andrade Gutiérrez" y "Odebrecht", debido a sus contribuciones a la campaña política de Sergio Cabral en 2006.

También se acordó una reunión con Icaro Moreno Junior, por entonces presidente de la Empresa de Obras Públicas (EMOP), que era la entidad encargada de supervisar la ejecución de las obras. El 11 de mayo de 2007 se realizó una reunión entre los representantes de las empresas y el presidente de EMOP para establecer que las empresas participantes en las licitaciones públicas serían: "Andrade Gutiérrez", "Carioca", "OAS", "Odebrecht" y "Queiroz Galvao". Además, bajo las instrucciones de Sergio Cabral, uno de los consorcios debería incluir a la empresa "Delta". En este sentido, se establecieron los siguientes consorcios: (i) el "Consorcio Novos Tempos", liderado por "Queiroz Galvao", "Caenge" y "Carioca", eligido para ganar el lote de Rocinha; (ii) el "Consorcio Manguinhos", liderado por "Andrade Gutierrez", "Camargo Correa", "Camter" y

"EIT", destinado a ganar el lote de Complexo Manguinhos, y (iii) el "Consorcio Rio Melhor", liderado por "Odebrecht", "Delta" y "OAS", destinado a ejecutar el lote Complexo do Alemao.

Icaro Moreno Junior solicitó a las empresas contactar al arquitecto Hamilton Paes Case y reclutarlo para la preparación de la propuesta del proyecto. Desde el 14 de mayo de 2007 se llevaron a cabo varias reuniones con Hamilton Paes Case con el fin de identificar las características necesarias en los requisitos técnicos para obtener recursos federales. En mayo de 2007 se realizó otra reunión entre el grupo y Hamilton Paes, en la que se acordó trabajar en las oficinas de la empresa "Carioca", estableciendo específicamente los requisitos de licitación para eliminar las empresas que no formaban parte del grupo ilícito. Es importante destacar que fue durante la primera reunión con Wilson Carlos que se estableció que cada consorcio debía pagar el 5% del valor del contrato a Sergio Cabral para asegurar su victoria durante el concurso público.

Como sucedió en las obras del Estadio Maracaná, las empresas establecieron requisitos de licitación injustificados relacionados con la experiencia técnica para así eliminar la competencia; asimismo, se fijaron requisitos de mercado. Como un ejemplo de estos requisitos, "Odebrecht" estableció que la compañía ganadora de la licitación del Complejo de Alemao debía tener experiencia en la construcción e instalación de teleféricos. Con este fin, "Odebrecht" firmó previamente un acuerdo comercial exclusivo con la compañía francesa "Pomagalsky", que había instalado teleféricos en Medellín, Colombia, y que era prácticamente la única compañía disponible para cumplir con los requisitos de la licitación.

Fase II: Durante la licitación pública

El aviso de licitación estuvo abierto al público hasta el 26 de noviembre de 2007; sin embargo, tuvo contratiempos porque las empresas del esquema ilícito decidieron cambiar el procedimiento de participación en el concurso. Entre el 26 de noviembre y el 12 de diciembre de 2007 se realizaron tres reuniones entre representantes de las empresas y funcionarios públicos para modificar algunas cláusulas que se habían establecido para la licitación.

Entre enero y febrero de 2008 los consorcios acordaron participar en la fase de licitación. El 1 de febrero de 2008 se anunciaron los resultados del proceso de licitación con la lista de los consorcios que hacían parte del esquema ilícito.

Fase III: Durante la ejecución del contrato

Como ocurrió con los trabajos para el Estadio Maracaná, las propuestas iniciales incluyeron artículos sobrevaluados y durante la ejecución se hicieron adiciones al contrato original. Como resultado, los montos aumentaron en un 24%, por un valor equivalente a unos R$ 166,105,466.62 (USD$ 51,238,937.00 aproximadamente) para el conjunto de los tres lotes.

Marco Antonio de Luca

Durante el interrogatorio judicial llevado a cabo en mayo de 2017, bajo la acción criminal del auto número 0509503-57.2016.4.02.5101, Luiz Carlos Bezerra admitió que las anotaciones en sus cuadernos incautados registraban la contabilidad paralela de los sobornos, y que alias "El Loco" o "De Louco" hace referencia a Marco Antonio de Luca, vinculado a la empresa "Frescato". Marco Antonio de Luca también fue socio y administrador de "Masan Servicios Especializados Ltda.".

Como resultado de los cuadernos incautados, los controles contables de los sobornos de Carlos Bezerra revelaron que durante el cobro de ventajas indebidas la organización criminal liderada por Sergio Cabral recaudó, entre octubre de 2013 y noviembre de 2016, al menos R$ 37,642,500.00 (USD$ 11,612,605.00 aproximadamente). Marco Antonio de Luca entregó un total de R$ 12,595,700.00 (USD$ 3,885,985.00 aproximadamente) a la organización ilícita dirigida por Sergio Cabral, a través de Luiz Carlos Bezerra.

Además, el informe de inteligencia financiera número 15893 detalla 27 transacciones financieras en efectivo sospechosas, ejecutadas por Marco Antonio de Luca. El informe señala que entre 2014 y 2015 Marco Antonio de Luca realizó transacciones en efectivo por R$ 3,491,499.00 (USD$ 1,077,118.00 aproximadamente), principalmente a través de la empresa "Masan Servicios Especializados Ltda.". Durante ese período, Marco Antonio de Luca fue uno de los socios y gerente de la empresa, con el 82.7% de las acciones.

En 2007 "Masan Servicios Especializados Ltda." había firmado el contrato No. 6466 con el Fondo Estatal de Salud del Estado de Río de Janeiro, por R$ 609,585.00 (USD$ 188,059.00 aproximadamente). Luego, en 2008 "Masan" firmó el contrato No. 11024 con la Policía Civil del Estado de Río de Janeiro, por un valor de R$ 2,398,122.00 (USD$ 739,857.00 aproximadamente). En 2010, el número de contratos aumentó, así como las modificaciones introducidas a los contratos suscritos, triplicando el valor originalmente contratado.

De acuerdo con los informes del sitio web de Transparencia del Estado de Río de Janeiro, "Masan Servicios Especializados Ltda." recibió un total de R$ 2,111,816,957.80 (USD$ 651,499,135.00 aproximadamente) por concepto de contratos firmados con el Estado de Río de Janeiro entre 2011 y 2017,[209] de la siguiente manera:

- En 2011: 9 contratos por un valor de R$ 25,573,668.80 (USD$ 7,889,552.00 aproximadamente).

- En 2012: 12 contratos por un total de R$ 68,970,557.93 (USD$ 21,277,620.00 aproximadamente).

-En 2013: 21 contratos por un total de R$ 219,82,364.46 (USD$ 67,649,536.00 aproximadamente).

-En 2014: 24 contratos por un total de R$ 520,049,054.73 (USD$ 160,437,332.00 aproximadamente).

-En 2015: 26 contratos por un total de R$ 678,031,261.93 (USD$ 209,175.,511.00 aproximadamente).

---

209 Ministério Público Federal & Procuraduria da Repúliba no Estado do Rio de Janeiro (2016) *Processo de autos n° 0509503-57.2016.4.02.5101.* Source: http://politica.estadao. com.br/blogs/fausto-macedo/wp-content/uploads/sites/41/2017/11/75959255-1233-1-pp.pdf.

-En 2016: 23 contratos por un total de R$ 1,802,269,044.16 (USD$ 555,967,041.00 aproximadamente).

-En 2017: 19 contratos por un total de R $2,111,816,957.80 (USD$ 651,456,912.00 aproximadamente).

Sin embargo, la relación contractual entre las empresas dirigidas por Marco Antonio de Luca con el Estado de Río de Janeiro no se detuvo allí. La compañía "Comercial Milano Brasil Ltda.", que pertenecía al mismo grupo familiar, firmó decenas de contratos con el Estado de Río de Janeiro entre 2011 y 2017, aumentando cada año los montos recibidos del presupuesto público:[210]

- En 2007: 53 contratos por un valor total de R$ 48,905,531.00 (USD$ 15,087,429.00 aproximadamente).

- En 2008: 31 contratos por un total de R$ 33,237,798.00 (USD$ 10,253,910.00 aproximadamente).

- En 2009: 42 contratos por un total de R$ 40,337,022.00 (USD$ 12,444.,137.00 aproximadamente).

- En 2010: 51 contratos por un total de R$ 70,483,262.00 (USD$ 21,744,376.00 aproximadamente).

- En 2011: 61 contratos por un total de R$ 87,471,123.92 (USD$ 26,986,293.00 aproximadamente).

-En 2012: 71 contratos por un total de R$ 117,293,252.17 (USD$ 36,186,915.00 aproximadamente).

-En 2013: 81 contratos por un total de R$ 165,478,696.27 (USD$ 5,052,925.00 aproximadamente).

---

210 Ibid.

-En 2014: 92 contratos por un total de R$ 223,513,727,22 (USD$ 68,953,437.00 aproximadamente).

-En 2015: 101 contratos por un total de R$ 252,012,232.84 (USD$ 77,742,992.00 aproximadamente).

-En 2016: 41 contratos por un total de R$ 300,228,386.67 (USD$ 92,617,143.00 aproximadamente).

- En 2017: 31 contratos. Valor R$ 265,968,886.11 (USD$ 82,048,465.00 aproximadamente).

Capítulo 8. La Sub-red "JB"

"Grupo J&F" y Joesley Mendonça Batista: Estrategas líderes

Entre 2003 y 2017, el "Grupo J&F" y sus subsidiarias "JBS", "Eldorado", "Florestal" y "Vigor", propiedad de Joesley Mendoça Batista (aquí denominado "JB") y Wesley Mendoça Batista, establecieron un complejo esquema de sobornos y lavado de activos. Según las autoridades fiscales brasileñas, el monto total de los sobornos habría alcanzado una cifra cercana a 600 millones de reales (USD$ 181,554,000.00) pagados a 1,829 políticos de 28 partidos políticos. Fuentes judiciales, como las declaraciones de Joesley Mendoça Batista y Wesley Mendoça Batista, revelaron que a través de la financiación electoral lícita e ilícita, la empresa influyó en la elección de sus candidatos para cargos en la Cámara de Representantes, el Senado brasileño, los gobernadores de cuatro Estados bajo la presidencia de Dilma Rousseff y Michel Temer.[211]

---

211 Ministério Público Federal (2014). *Termo de Pre-Acordo de Colaboracao premiada.* Procuradoria-Geral Da República. p. 65.

El Esquema "JB" y BNDES: Guido Mantega y Víctor García Sandri como intermediarios

El primer cliqué en esta sub-red se estableció en 2004 cuando "JB" conoció a Víctor García Sandri, hombre de negocios y amigo de Guido Mantega, quien era el Ministro do Planejamento en ese momento. Victor estableció un acuerdo con "JB" con el fin de influenciar a Guido Mantega para obtener instalaciones para las compañías de "JB", a cambio de 50 mil reales por mes. En 2005, cuando Guido Mantega se convirtió en presidente del banco BNDES, "JBS", una empresa perteneciente al "Grupo J&F", presentó dos solicitudes de préstamos al BNDES por un monto de 80 millones de dólares para respaldar el plan de expansión de la compañía. Luego, Víctor García pidió a "JB" que pagara como soborno el 4% del crédito para aprobar la operación. El dinero recibido fue transferido a través de una cuenta offshore propiedad de "JB" a otra cuenta offshore controlada por Víctor García.[212]

Más tarde en 2006, "JB" continuó solicitando préstamos al BNDES con el apoyo de Víctor García y Guido Mantega, Ministro do Fazenda en ese momento, quienes también ejercieron influencia sobre Luciano Coutinho, presidente de BNDES. En junio de 2007 BNDES adquirió el 12.94% del capital de "JBS" por 580 millones de dólares, respaldando el plan de expansión de la compañía para ese año. A cambio, "JB" el 4% del valor total de la transacción a una cuenta offshore de Victor Garcia Sandri. Nuevamente, en junio de 2008 BNDES, en operación conjunta con FUNCEF y PETROS, adquirió un 12.99% adicional del capital compartido de "JBS" por 500 millones de dólares

---

212 Ibid., p. 65.

para financiar el plan de expansión de la compañía durante ese año.[213]

Desde 2009, "JB" proporcionó la intermediación de Víctor García y comenzó a negociar el pago de comisiones directamente a Guido Mantega. En diciembre de 2009 BNDES adquirió capital compartido de "JBS" por 2 mil millones de dólares en respaldo al plan de expansión de ese año. Como pago por esta operación, "JB" solicitó un préstamo a favor de Guido Mantega por 50 millones de dólares, depositado en una cuenta offshore presuntamente controlada por Luiz Inácio Lula da Silva.[214]

Más tarde, en mayo de 2011 BNDES financió con 2 mil millones de reales la construcción de una planta de celulosa para la empresa "Eldorado", una subsidiaria del "Grupo J&F". A cambio, "JB" depositó 30 millones de reales (USD$ 9,077,700.00 aproximadamente) en una cuenta offshore presuntamente controlada por Dilma Rousseff.

En 2012, Guido Mantega solicitó a "JB" que se trasladara a "Pedala Equipamentos Esportivos Ltda." un contrato de préstamo por 5 millones de dólares, realizado por "JB" a través de su empresa "Antigua Investments Llc.". Luego, "Pedala" cerró sin haber pagado la transferencia a "JB", quien incurrió en esa pérdida.[215]

Desde 2014, Guido Mantega continuó solicitando a "JB" que transfiriera dinero a cuentas de políticos y partidos políticos, registrando esas transacciones como donaciones oficiales. El 4 de julio de 2014 Guido Mantega entregó a "JB" la primera lista de políticos del Partido del

---

213 Ibid., p. 65
214 Ibid., p. 66.
215 Ibid., p. 67

Movimiento Democrático Brasileño (PMDB). Ricardo Saud, gerente de Relaciones Públicas del "Grupo J&F", estuvo a cargo de la logística de estas transferencias. Más tarde ese año, Mantega entregó a "JB" una lista de políticos que eran miembros del Partido dos Trabalhadores (PT) para que se les otorgaran "donaciones oficiales" de parte de "JBS".

El esquema "JB", BNDES, FUNCEP y PETROS: Vaccari, Lacerda y Pinheiro como intermediarios

El esquema de BNDES se extendió para obtener fondos de PETROS y FUNCEF, con la participación de los presidentes de ambos fondos. En ambos casos, Guido Mantega y "JB" determinaron el destino de las comisiones y el porcentaje de sobornos para los presidentes de los fondos.

Durante el primer semestre de 2008 BNDES, FUNCEF y PETROS adquirieron el 12.99% del capital de "JBS" por una cuantía de mil millones de dólares. Con esta operación BNDES, FUNCEF y PETROS crearon el fondo llamado PROT para financiar la capitalización de "JBS".[216]

Joao Vaccari estuvo de acuerdo con "JB" en influenciar a Lacerda y Pinheiro sabiendo que beneficiarían al "Grupo J&F" a cambio de sobornos del 1% al Partido dos Trabalhadores por cada operación que beneficiara a la compañía. En efecto, "JB" negoció con Guilherme Lacerda y Vagner Pinheiro que les otorgaría un soborno del 1% del valor de cada operación.[217]

---

216 Ibid., p. 65.
217 Ibid., p. 65.

En 2009, FUNCEF y PETROS querían invertir en empresas de reforestación, por lo que "JB" negoció con Guilherme Lacerda y Vagner Pinheiro para expandir las actividades de "Florestal" como resultado de su inversión, considerando que "Florestal" era parte del "Grupo J&F". En consecuencia, el fondo FIP-Florestal fue creado para transferir dinero, en el cual FUNCEF y PETROS contribuyeron con aproximadamente 275 millones de reales; Mario Celso y su hijo Mario Celso Lincoln utilizaron luego el mismo esquema para su empresa "Eucalipto Brasil". A cambio de esa inversión, "JB" pagó una comisión del 1% del valor de la operación a Guilherme Lacerda y Vagner Pinheiro. Dichos pagos se realizaron a través de Joao Bosco, un representante comercial en Espírito Santo, por orden de Guilherme.[218]

En 2010, Carlos Alberto Caser fue designado como presidente de FUNCEF y Luis Carlos Afonso como presidente de PETROS. Ambos continuaron con el acuerdo establecido con "JB", iniciado por Vagner Pinheiro. En 2011, con la incorporación de "Eldorado" en FIP-Florestal, "JB" pagó 1.5 millones de dólares a Luis Carlos Afonso, a través de la transferencia de un apartamento en Nueva York.[219]

Desde marzo de 2010 hasta junio de 2015 "JB" pagó a Vagner Pinheiro a través de terceros como Demilton Antonio de Castro y Junior, hermano de Vagner Pinheiro, un total de R$ 2,700,841.94, de los cuales R$ 300,000.00 se pagaron en efectivo: R$ 100,000.00 el 5 de febrero 2015; R$ 50,000.00 el 25 de marzo de 2015; R$ 50,000.00 el 28 de mayo de 2015; R$ 50,000.00 el 23 de junio de 2015, y R$ 50,000.00 el 28 de julio de 2015. Los pagos se realizaron a través de facturas falsas que Junior emitió al

---

218 Ibid., p. 66.
219 Ibid., p. 67.

grupo de compañías del "Grupo J&F", a una tasa del 1% por mes, en montos que comenzaron con R$ 34,374.99 y aumentaron progresivamente hasta R$ 53,249.99.[220]

El esquema de "JB" y la Cámara de Diputados: Lucio Funaro y Eduardo Cunha como intermediarios

En 2011 Paulo Sergio Formigoni de Olivera presentó "JB" a Lucio Funaro. En ese momento, Lucio Funaro ya sabía que varias empresas pertenecientes al "Grupo J&F" habían solicitado apoyo financiero a Caixa Econômica Federal y FI-FGTS. Así pues, durante esa reunión Lucio Funaro comentó que contaba con el apoyo del vicepresidente Michel Temer y del Diputado Federal Eduardo Cunha para lograr este objetivo. Lucio Funaro también agregó que podría ayudar a "JB" a obtener fondos, ya que junto con Eduardo Cunha fueron los encargados de nominar a Fabio Cleto para el cargo de Vicepresidente de Fundos de Governo y Loterías de Caixa Econômica Federal [Fondo de Gobierno y Loterías del Fondo Económico Federal]. A cambio de esta intermediación, "JB" tuvo que pagar entre el 3% y el 3.5% de la financiación obtenida. Asimismo, Funaro afirmó que también podía acceder a fondos de Caixa Econômica Federal, dado que, junto a Eduardo Cunha, era responsable de nominar a Giovanni y Derziê, quienes ocupaban cargos estratégicos en la entidad.[221]

Entre 2011 y 2014 las operaciones se llevaron a cabo a través de un sistema contable creado por "JB", en el que los sobornos se registraron como facturas emitidas por el

220 Ibid., p. 67.
221 Ibid., p. 72.

"Grupo J&F" y fueron presentadas a empresas propiedad de Lucio Funaro u otras empresas designadas por Funaro.[222]

En julio de 2013 Lucio Funaro designó a Rodrigo Figueiredo como Secretário de Defesa Agropecuária, ofreciendo una "ventana de oportunidad" a las empresas de "JB". Por lo tanto, "JB" solicitó a Funaro obtener la federalización del sistema de inspección de animales en Brasil, argumentando que el carácter no federal de este sistema producía distorsiones en el mercado. La federalización solicitada no ocurrió; sin embargo, el ex diputado Eduardo Cunha intentó obtener un reglamento para la exportación de despojos, a fin de beneficiar a "JBS". Esta regulación se implementó en marzo de 2014, pero se suprimió en marzo de 2015.[223]

En 2013 "JB" también solicitó a Funaro que interviniera con Rodrigo Figueiredo para revocar las normas que permitirían la aplicación de vermífugos de larga duración, como condición para facilitar la exportación de carne. Esta solicitud fue acordada y aprobada. El soborno para la regulación favorable de la exportación de vísceras fue de 2 millones de reales (USD$ 615,817.00 aproximadamente), transferido a una cuenta controlada por Lucio Funaro. El soborno para la regulación del vermífugo de larga duración se estableció en 5 millones de reales (USD$ 1,539,624.00 aproximadamente) y se transfirió a una cuenta también controlada por Lucio Funaro. Además, durante este período "JB" pagó 400 mil reales (USD$ 123,180.00) mensualmente en efectivo, a través de un transportista de dinero, Florisvaldo Caetanio, a la hermana de Lucio Funaro, Roberta Funaro.[224]

---

222 Ibid., p. 72.
223 Ibid., p. 72.
224 Ibid., p. 72.

Entre agosto de 2014 y enero de 2015 Eduardo Cunha se postuló para la presidencia de la Cámara de Diputados y le solicitó a "JB" una comisión de 30 millones de reales (USD$ 9,236,480.00 aproximadamente) para financiar su campaña. "JB" estuvo de acuerdo y la comisión se pagó con las siguientes transacciones: R$ 10,900,000.00 (USD$ 3,354,347.00 aproximadamente) a través de facturas falsas emitidas por "JBS" entre el 9 y el 10 de febrero de 2014; R$ 12,000,000.00 (USD$ 3,692,859.00 aproximadamente) en efectivo, siguiendo las órdenes de Eduardo Cunha, y R$ 5,600,000.00 (USD$ 1,723,127.00 aproximadamente) a través de donaciones oficiales al partido Partido do Movimento Democratrico Brasileiro (PMDB) y varios miembros de la iglesia evangélica de Cunha.[225]

Durante el período en que Eduardo Cunha se convirtió en presidente de la Cámara de Diputados, "JB" comenzó a negociar directamente con él, pasando por alto a Lucio Funaro como intermediario. En febrero de 2016 Eduardo Cunha solicitó a "JB" 20 millones de reales (USD$ 6,000,000.00 aproximadamente) para distribuir entre los miembros de la Cámara, con el fin de que fuese aprobada una propuesta de beneficio fiscal para preservar la exención de nómina en el sector avícola. Este soborno de 12 millones de reales (USD$ 3,692,019.00 aproximadamente) se pagó en efectivo entre marzo y septiembre de 2016, a través de entregas de Florisvaldo Caetanio a Altair Alves, con el intermediario de Eduardo Cunha.[226]

Otro pago de tres millones de reales (USD$ 922,589.00 aproximadamente) fue entregado por el propio "JB" a Eduardo Cunha en maletas con 1 millón de reales (USD$

---

225 Ibid., p. 73.
226 Ibid., p. 77.

307,636.00 aproximadamente), cada uno en el aeropuerto de Jacarepaguá. Adicionalmente, se entregó un pago de 5 millones de reales (USD$ 1,538,490.00 aproximadamente) en efectivo a Altair Alves, luego del arresto de Eduardo Cunha.[227]

"JB" y la Presidencia: Michel Temer como presunto agente activo clave

En 2010 "JB" conoció a Michel Temer, quien en ese momento era Vicepresidente de Brasil, a través de Wagner Rossi, el Ministro do Agricultura en ese momento. Durante esa reunión, "JB" y Rossi acordaron que Temer apoyaría a "JB" por sus intereses comunes. Luego, en 2010 Michel Temer supuestamente habría solicitado a "JB" tres millones de reales (USD$ 923,070.00), registrando 1 millón de reales (USD$ 307,644.00 aproximadamente) como donaciones oficiales y 2 millones de reales (USD$ 615,351.00 aproximadamente) como transacciones a la Compañía Pública de Comunicaciones, a través de facturas fraudulentas. En agosto y septiembre de 2010 Temer supuestamente habría pedido a "JB" el pago de 240 mil reales (USD$ 73,884.00 aproximadamente) a la compañía "Island Productions".[228]

Después de la partida de Wagner Rossi del Ministerio de Agricultura, Temer habría solicitado a "JB" pagar 100 mil reales (USD$ 30,785.00) por mes a Rossi y 20 mil reales a Milton Hortolan, quien ocupó el cargo de secretario ejecutivo de cartera. Estos pagos se entregaron durante solo un año. En 2012, Michel Temer habría pedido a "JB" que pagara tres millones de reales (USD$ 922,782.00 aproximadamente) a

<hr>

227 Ibid., p. 77.
228 Ibid., p. 77.

la campaña electoral de Gabriel Chalita en Sao Paulo. Todos estos pagos habrían sido ejecutados a través de facturas falsas.[229]

Durante el proceso de impugnación de Dilma Rousseff, antes de que Michel Temer asumiera la presidencia, el mismo Temer supuestamente solicitó a "JB" 300 mil reales (USD$ 92,283.00 aproximadamente) con el fin de influir sobre la opinión pública, sobornando a las empresas de medios de comunicación que lo convirtieron en blanco de sus ataques a través de Internet. Esta cantidad habría sido entregada en efectivo a Elcinho, un publicista de Michel Temer.[230]

Luego, cuando Michel Temer asumió la presidencia de Brasil en agosto de 2016, "JB" y el político Geddel Vieira Lima establecieron un canal de comunicación directa para recibir las propuestas de "JB". En 2016, "JB" le pidió a Temer, a través de Geddel, que influyera en el banco BNDES para aprobar la solicitud de "JBS" de cambiar su domicilio fiscal en el extranjero, cuando BNDES ya controlaba el 25% del capital de la compañía. A cambio de esta solicitud, "JB" habría mantenido informado a Michel Temer de la investigación de Eduardo Cunha y Lucio Funaro, y continuó pagando para mantener a los dos en silencio.[231]

Después del arresto de Geddel Vieira, "JB" contrató al Diputado Federal, Rodrigo Rocha Loures del Partido do Movimento Democrático Brasileiro, para contactar a Michel Temer. Durante esa misma reunión, "JB" le habría solicitado a Michel Temer que agilizara la aprobación de

---

229 Ibid., p. 78.
230 Ibid., p. 78.
231 Ibid., p. 78.

amnistías para Caixa 2 y la ley de abuso de autoridad, ya que las investigaciones en su contra estaban progresando.[232]

"JB", Políticos y Partidos Políticos

Aecio Neves

En marzo de 2017 Aecio Neves, miembro político del Partido da Social Democracia Brasilera, pidió 2 millones de reales a "JB", para que pagara asesoría legal. A cambio, "JB" solicita a Aecio Neves que influyera en la aprobación de la ley de abuso de autoridad y la amnistía para Caixa 2. Debido al riesgo en torno a las investigaciones en curso, el pago se entregó en efectivo a través de un emisario de "JB" a un emisario de Neves.[233]

Antonio Carlos

En 2016, después de que Caixa Econômica Federal aprobó un acuerdo de préstamo por 2.7 mil millones de reales (USD\$ 832,198,416.00), el vicepresidente de CEF, Antonio Carlos, le pidió a "JB" pagar 6 millones de reales (USD\$ 1,849,414.00) al Partido Republicano Brasileiro debido a que la permanencia en el cargo había sido decidida por la influencia de Marcos Pereira. El pago se realizó en efectivo, en varias entregas de 500 mil reales (USD\$ 154,114.00 aproximadamente) cada una. Sin embargo, el monto total pagado en la operación fue de 4.2

---

232 Ibid., p. 78.
233 Ministério Público Federal & Procuradoria-Geral Da República (2017). *Termo de Pre-Acordo de Colaboracao premiada.* Source: http://jud-anexos.digesto.com. br/52619d47af6662e1cc5699929cc151c3.pdf

millones de reales (USD$ 1,294,584.00 aproximadamente), en lugar de los 6 millones de reales solicitados inicialmente (USD$ 1,849,414.00 aproximadamente.[234]

Antonio Palocci

En 2008 Antonio Palocci, quien en 2010 se convirtió en la mano derecha de Dilma Rousseff durante su campaña presidencial, le presentó Antonio Ferreira a "JB". En ese momento, "JB" contrató a Antonio Palocci para asesorarlo sobre la dinámica de la política brasileña. Cuando se encontraron en 2008, Palocci solicitó a "JB" un apoyo de 30 millones de reales para la campaña presidencial de Dilma. Para tal fin, "JB" acordó y ejecutó las siguientes transferencias: R$ 1,820,000.00 pagados en efectivo a Samuel; R$ 612,902.46 pagados a través de tres facturas falsas para "Hedge Assessoria e Consultoria Empresarial"; R$ 1,000,000.00 en efectivo entregado a "Gilmarcy"; R$ 16,000,000.00 como donaciones oficiales a varios candidatos nominados por Antonio Palocci.[235]

Marta Suplicy

En 2010 "JB" conoció a Marta Suplicy, política del Partido del Movimiento Democrático Brasileño, a través de Antonio Palocci. En ese mismo año, Marta solicitó a "JB" 1 millón de reales (USD$ 308,234.00 aproximadamente) para financiar su campaña al Senado federal. El monto fue transferido a través de una donación oficial de 500 mil reales (USD$

---

234 Ibid., p. 93.
235 Ibid., p. 93.

154,115.00 aproximadamente) y los otros 500 mil reales en efectivo a Marta Suplicy. Luego, en 2015 Marta volvió a pedirle a "JB" que financiara su campaña a la prefectura de Sao Paulo. El dinero se entregó en efectivo a través de Florisvaldo a Marcio, esposo de Marta Suplicy. En total, fueron 15 pagos mensuales por 200 mil reales (USD$ 61,646.00 aproximadamente).[236]

Jose Serra

Joesley Mendoça Batista conoció a José Serra durante su campaña presidencial en 2010, cuando Serra solicitó donaciones de "JB" por un monto total de 20 millones de reales (USD$ 6,164,664.00 aproximadamente), transferidos de la siguiente manera: 6 millones de reales (USD$ 1,849,399.00 aproximadamente) a través de facturas fraudulentas a la empresa "LRC Eventos e Promoçoes"; 420 mil reales (US$ 129,455.00 aproximadamente) a la empresa "APPM Analyst e Pesquisa" también a través de facturas falsas, y R$ 13,580.00 (USD$ 4,185.00 aproximadamente) a través de donaciones oficiales como habría indicado el candidato.[237]

Silval Barbosa and Pedro Nadaf

En 2010 Silval Barbosa, Gobernador de Mato Grosso, se acercó a "JB" solicitando apoyo cuando se postuló para ese cargo, prometiendo que si ganaba compensaría a compañías del "Grupo J&F" reduciendo impuestos estatales.[238]

---

236 Ibid., p. 93.
237 Ibid., p. 93.
238 Ibid., p. 95.

En 2011 Wesley Batista, quien reemplazó a "JB" como presidente de "JBS", comenzó a negociar con el gobernador Silval Barbosa. Como resultado, el gobernador Silval Barbosa alteró la recaudación del Impuesto a la Circulación de Bienes y Servicios ("ICMS"), a través del Decreto Estadual e Convênio CONFAZ, que benefició a los refrigeradores de "JBS" en Diamantino. Además, el gobernador otorgó a "JBS" un crédito ICMS por R$ 73,563,484.77 (USD$ 22,671,851.00 aproximadamente) registrado como compensación por sus pagos ICMS realizados bajo el sistema anterior. Pedro Nadaf, Secretario de Industria e Comercio, y Marcel Souza de Cursi, Secretario do Fazenda, fueron informados sobre el acuerdo. A cambio del crédito fiscal, Silval Barbosa solicitó una comisión de 10 millones de reales (USD$ 3,082,054.00 aproximadamente) por año, pagados en 2012, 2013 y 2014.[239]

Durante el segundo semestre de 2014 la Secretaría Estadual de Fazenda inspeccionó y multó a "JBS" por irregularidades detectadas durante 2012. La multa alcanzó los R$ 180,480,523.00 (USD$ 55,629,838.00 aproximadamente).[240]

En septiembre de 2014 la acción administrativa solicitada por Valdir Boni, Silval Barbosa y Pedro Nadaf contra la inspección fiscal realizada meses atras fue rechazada, causando pérdidas a la empresa por más de 74 millones de reales (USD$ 22,808,105.00 aproximadamente).[241]

Para enmendar la situación, Pedro Nadaf, Secretario da Casa Civil en ese momento, elaboró un documento falso que establece que PRODEIC se extendió en 2012 a todas

---

239 Ibid., p. 95.
240 Ibid., p. 96.
241 Ibid., p. 96.

las instalaciones de "JBS" en el Estado de Mato Grosso, para evitar el pago de la multa. Como retribución por el documento, Wesley Batista le pagó a Pedro Nadaf y Silval Barbosa las siguientes comisiones: (i) R$ 7.5 millones de reales a la empresa "Carol Mila Agropecuaria Ltda.", propiedad de Silval Barbosa, a través de un recargo en la compra de camiones por parte de "JBS"; (ii) mil reales a "NBC Consultoria", propiedad de Pedro Nadaf, a través de facturas falsas, (iii) 1 millón de reales pagados a "Trimec" a través de facturas falsas; (iv) 13 millones de reales transferidos a través de pagos a terceros designados por Pedro Nadaf, (v) 1.3 millones de reales pagados a "Construtora Sab Ltda." a través de facturas falsas, y (vi) 2.5 millones de reales pagados en efectivo a través de Florisvaldo Demilton a emisarios de Pedro Nadaf y Silval Barbosa.[242]

Cid Gomes

En 2010, durante la reelección de Cid Gomes como gobernador de Ceará, Arialdo Pinho, Secretário de Estado of Ceará, solicitó a "JB" pagar 5 millones de reales (USD$ 1,541,019.00 aproximadamente) por liberar créditos ICMS legítimos que la compañía "JBS" se supone debería recibir del Estado.[243] El pago fue transferido a través de donaciones oficiales y facturas falsas.

Luego, en junio de 2014 Cid Gomes solicitó a "JB" y Wesley Batista apoyo financiero para la campaña de Camilo Sobreira de Santana.[244] Wesley respondió que el Estado de Ceará debía a "JBS", en el marco del programa PROAPI, R$ 110,404,703.61

---

242 USD$ 770,566.00, approximadamente.
243 Ibid., p. 98.
244 Ibid., p. 98.

(USD\$ 34,027,046.00 aproximadamente), y por esa razón no contribuirían a su campaña. Posteriormente, el Diputado Federal Antonio Balhamann (PROS), junto con Arialdo Pinho, propuso liberar los créditos del ICMS a cambio de 20 millones de reales (USD\$ 6,164,145.00 aproximadamente) para la campaña electoral, pagando R\$ 9,800,000.00 (USD\$ 3,020,559.00 aproximadamente) a través de facturas falsas enviadas a diversas compañías[245] y 10.2 millones de reales (USD\$ 3,143,870.00 aproximadamente) a través de donaciones oficiales a varios candidatos.

Zeca, Andre Puccineli y Reinaldo Azambuja

En 2003 el gobernador de Mato Grosso do Sul, Zeca, negoció con "JB" y ofreció beneficios fiscales a sus compañías a cambio del 20% de los beneficios totales otorgados. Luego, en 2010 Zeca solicitó a "JB" pagar tres millones de reales (USD\$ 924,617.00) para su campaña electoral. Como resultado, 1 millón de reales (USD\$ 308,216.00 aproximadamente) se registraron como donaciones oficiales y 2 millones de reales (USD\$ 616,410.00 aproximadamente) se entregaron en efectivo.[246]

El siguiente gobernador, Andre Puccineli, utilizó el mismo procedimiento, aunque la comisión pagada aumentó al 30% de los beneficios. Ivanildo Miranda fue el

---

245 Entre las compañías que recibieron pagos se encuentran: Odola Editorações Ltda.", "Carlos Pacheco Asesor Cinematográfico", "Cabuc Computer Graphics Services", "Viamar Publicidad" y "Producción Digital", "Malagueta Cinema e Video Ltda.", "AMTM Produções Jornalísticas Ltda", "M & M Productions Artística Ltda ME", "Studio HP de Producción y Creación Publicitaria", "Ararema Artistic Production and Publishing", "Marche Marketing Ltda.", "EPP", "Helga Thor Production and Editing Ltda.", "Soufle Imagem e Asuntos Ltda.", "Communication Opinion", "Cankun Institutional Communication", "MPC-Marketing Propaganda", "NT Solver Logística e Serviços Ltda"., "Ribeiro Neto ME", "Síntese Pesquisa e Analise Ltda".
246 Ibid., p. 101.

intermediario a cargo de recibir los sobornos. Posteriormente, al final del gobierno de Puccineli, Andre Luiz Cance pasó a ser el tercero de Puccineli a cargo de recibir los sobornos, mientras que Valdir Boni fue intermediario de "JBS".

Durante el gobierno de Andre Puccineli, "JBS" estableció cinco acuerdos de beneficios fiscales con el Estado de Mato Grosso do Sul: (i) TARE 657/2011, para la extensión de las actividades de matanza y deshuesado de la sucursal Naviraí; (ii) TARE 149/2007, para la implementación de una unidad de refrigeración; (iii) TARE 1.028/2014, para expandir las actividades de la compañía en el Estado; (iv) TARE 862/2013, para expandir las actividades de la compañía en el Estado; y (v) TARE 1.103/2016, para expandir y modernizar ocho unidades de sacrificio en el Estado.

La compañía "JBS" pagó un total de 150 millones de reales (USD$ 46,238,345.00 aproximadamente) en sobornos entre 2003 y 2017.[247] Este período incluye a los gobiernos de Zeca, del Partido dos Trabalhadores (PT), Andre Puccinelli del Partido do Movimento Democratrico Brasileiro (PMDB) y Reinaldo Azambuja del Partido da Social Democracia Brasileira (PSDB).

Los pagos de sobornos durante el gobierno de Andre Puccinelli se hicieron a través de los intermediarios Ivanildo da Cunha Miranda y Andre Luiz Cance de la siguiente manera: (i) R$ 5,003,066.00 a través de facturas falsas para la compra de cabezas de ganado por Ivanildo da Cunha[248] (ii) R$ 9,500,143.00 a través de facturas falsas

emitidas por "JBS" a "Protec Construçoes Ltda.", (iii) R$

---

247 Ibid., p. 105.
248 USD$ 391,119.00, aproximadamente.

980,000.00[249] a través de facturas falsas emitidas por "JBS" a "Gráfica Jafar Ltda.", (iv) R$ 1,141,250.00[250], a través de facturas falsas emitidas por "JBS" a "MB Produçoes Cinematográficas Ltda.", (v) R$ 300,000.00[251] a través de facturas falsas emitidas por "JBS" a la empresa "Bartz Propaganda Ltda.", (vi) R$ 2,834,705.43[252] a través de facturas falsas emitidas por "JBS" a "IBOPE Inteligencia Pesquisa e Consultoria Ltda.", (vii) R$ 168,109.00[253] a través de facturas falsas emitidas por "JBS" a "Amapil Taxi Aéreo Ltda.," (viii) R$ 1,268,850.00[254] a través de facturas falsas emitidas por "JBS" al "Instituto Icone de Ensino Jurídico Ltda.", (ix) R$ 22,212.00[255] a través de facturas falsas emitidas por "JBS" a "ST Pesquisa de Mercado Ltda EPP.", (x) R$ 2,957,084.95[256] a través de facturas falsas emitidas por "JBS" a "Gráfica e Editora Alvorada Ltda.", y (xi) R$ 90,000,000.00 (USD$ 27,742,388.00 aproximadamente) en efectivo entregado a terceros de acuerdo con instrucciones dadas por Ivanildo da Cunha Miranda.

Los pagos de sobornos durante el gobierno de Ricardo Azambuja se realizaron de la siguiente manera: (i) R$ 12,903,691.03 a través de facturas fraudulentas de compra de carne vacuna emitidas por "JBS" a "Buriti Comercio de Carnes"; (ii) R$ 15,497,109.40 (USD$ 4,776,742.00) a través de facturas falsas para la compra de ganado emitido por "JBS" a terceros: Elvio Rodrigues Rubens Massahiro Matsuda, "Agropecuaria Dois Irmas Ltda.",

---

249 USD$ 911,517.00 aproximadamente.
250 Ibid., p. 101.
251 USD$ 92,471.00 aproximadamente.
252 USD$ 873,764.00 aproximadamente.
253 USD$ 873,764.00 aproximadamente.
254 USD$ 391,119.00 aproximadamente.
255 USD$ 6,846.00 aproximadamente.
256 USD$ 911,517.00 aproximadamente.

José Roberto Teixeira, Miltro Rodrigues Pereira, Zelito Alves Ribeiro, Osvane Aparecido Ramos, Francisco Carlos Freire de Oliveira, Nelson Cintra Ribeiro y Marcio Campos Monteiro; y (iii) R$ 10,000,000.00 (USD$ 3,082,430.00) en efectivo a través de terceros indicados por el gobernador. [257]

---

257 Ibid., p. 101.

Capítulo 9. Cooptación Institucional, Macrocorrupción y Lavado de Dinero a nivel Transnacional

La red ilícita "Lava Jato" aquí analizada ilustra un esquema de colaboración altamente efectiva entre instancias de los sectores público y privado para sostener un sistema de corrupción masiva en Brasil y de lavado de activos a nivel transnacional; esquema de colaboración que luego compañías como "Odebrecht" replicarían en diversos países de América Latina. Teniendo en cuenta la cantidad y diversidad de nodos/agentes involucrados, la cuantía de recursos comprometidos, el tamaño y la complejidad de la red y de sus sub-redes, así como sus impactos institucionales en las esferas económica, social y política, este esquema ilícito y criminal es hasta la fecha uno de los casos más complejos que puede interpretarse como un caso representativo de macrocorrupción y cooptación institucional.

Como característica relevante de la red ilícita y criminal "Lava Jato", debe destacarse la participación sistemática de nodos/agentes prominentes que operaban en instituciones clave, públicas y privadas – tanto legales y legítimas como irregulares y de fachada –. La participación de agentes corporativos poderosos fue fundamental para articular la red, puesto que el 72% de los nodos/agentes identificados eran empresarios y empresas privadas que utilizaron su poder económico para cometer fraude y ocultar transacciones irregulares con Petrobras y otras instituciones del Estado.

Simultáneamente, agentes públicos clave como exdiputados, congresistas y directivos de Petrobras y de otras entidades del Estado fueron también críticos para el funcionamiento del esquema de macrocorrupción. Esos agentes usaron su poder político y capacidad de decisión como líderes políticos y funcionarios públicos de alto rango para aliarse con agentes privados poderosos que apoyaban a los partidos políticos a través de campañas electorales y sobornos pagados para obtener favores y ventajas injustificadas en contratos y acuerdos con diversas entidades del Estado. En este sentido, el esquema no consistía en el pago de sobornos esporádicos y casuales para "comprar" o "capturar" las decisiones de ciertos funcionarios públicos a nivel individual, sino en una estructura sistemática de cooptación de instituciones públicas clave mediante una diversidad de mecanismos no circunscritos solamente al soborno para el favorecimiento de intereses privados poderosos y excluyentes.

Es crucial reconocer el papel decisivo desempeñado por partidos políticos y principales agentes políticos como candidatos a la Presidencia o al Congreso. De hecho, el apoyo financiero de partidos políticos y agentes políticos prominentes fue la principal herramienta utilizada por poderosos agentes empresariales para cooptar instituciones políticas, garantizar su compromiso en la designación y mantenimiento de determinados funcionarios de alto rango que tuvieran la potestad relativa de proporcionarles un trato favorable injustificado a través de decisiones burocráticas en diferentes entidades públicas, o incluso en la promoción de iniciativas legislativas en el caso de sus representantes en el Congreso. Es difícil defender la idea de que las empresas fueron víctimas de extorsión por parte de agentes políticos, debido a que tanto partidos y políticos individuales como empresarios se comprometieron activamente a acordar el pago de sobornos y en contrapartida comprometer el otorgamiento de tratos y beneficios injustificados de favor, por lo que cualquier reforma para confrontar un fenómeno como el de la macrocorrupción debe abordar al conjunto de instituciones involucradas de manera integral.

La mayoría de las interacciones de la red se agruparon en la categoría "Económico" puesto que una elevada proporción de las operaciones de la red ilícita "Lava Jato" involucraron transacciones financieras. Sin embargo, las interacciones logísticas también fueron determinantes debido a la necesidad de coordinar a múltiples empresas, nodos/agentes públicos, políticos y empresariales para acordar y ejecutar una gran variedad de operaciones financieras a través, entre otros, de cuentas offshore y empresas de fachada – tanto en el país como en el exterior –, con el concurso de terceros testaferros. Por ejemplo, Nobu Su, ex director de "Vantage Drilling Corporation" y representante legal de "Taiwan Maritime Transportation Ltda.", pagó una comisión indebida a través de "Oresta Associated S.A." a Hamylthon Padilha, quien simultáneamente pagó a Eduardo Musa y Jorge Luiz Zelade un soborno para facilitar la contratación de "Vantage Drilling Corporation", específicamente accediendo a un contrato para usar "Titanium Explorer" – una propiedad de la plataforma de perforación de "Vantage Deepwater Company" –. Como puede inferirse, la ocultación y movimiento de transferencias de grandes cantidades de dinero que implican este tipo de "sobornos en cadena" requiere una logística especializada bien coordinada.

El análisis aquí desarrollado revela que compañías, empresarios y funcionarios públicos que participaron en esta estructura ilícita utilizaron mecanismos y procesos complejos para desviar, ocultar, transferir y lavar dinero relacionado con actos ilícitos. Por ejemplo, es posible identificar que la "primera capa de empresas licitadoras" creó una "segunda capa de empresas de fachada" para transferir dinero a una "tercera capa de empresas establecidas en el extranjero", especialmente a compañías que pertenecían a funcionarios públicos que participaron en la red. Luego, empresas de la tercera capa que inicialmente recibieron dinero de la segunda capa de empresas, trasladaron dicho dinero a cuentas offshore propiedad de los mismos funcionarios.

Así pues, el dinero se transfirió entre tres capas de empresas como mecanismo para obstaculizar las posibilidades de rastrear las fuentes o los verdaderos beneficiarios.

Es importante señalar que en la mayoría de las cuentas utilizadas para ocultar y guardar dinero, los titulares eran empresas nacionales y extranjeras, lo que permitía ocultar la fuente de los activos; sin embargo, en algunos casos, los mismos funcionarios públicos aparecieron como titulares de cuentas e incluso propietarios de algunas de las empresas. Un ejemplo de este esquema se ilustra a través del caso de Paulo Roberto Costa, ex director de Abastecimiento de Petrobras, quien tenía aproximadamente 23 millones de dólares en cuentas en Suiza con nombres de compañías tales como "Aquila Holdings Ltd.", "Elba Services Ltd.", "Glacier

Finance Inc.", "International Team Enterprise Ltd.", "Larose Holding S.A.", "Omega Partners S.A.","Quinus Services S.A.", "Rock Canyon Invest S.A.", "Sagar Holding S.A.", "Santa Clara Private Equity", "Santa Tereza Services Ltd.", "Sygnus Assets S.A." y "BS Consulting".

Además, según la evidencia aquí analizada, Bernardo Freiburghaus abrió varias cuentas para que "Odebrecht" pudiese realizar, cada dos o tres meses, múltiples depósitos en el extranjero directamente a Paulo Roberto Costa sin pagar porcentaje alguno a ningún partido político, por lo cual tuvieron que realizarse incluso algunas operaciones falsas para eludir el pago de sobornos adicionales. Como resultado, hay evidencia de grandes cantidades de dinero que "Odebrecht" pagó a "Diagonal Investimentos", propiedad de Bernardo Freiburghaus, y de este último a cuentas abiertas en bancos suizos bajo el nombre de compañías como "Sygnus Assets S.A.", "Quinus Services S.A." y "Sagor Holdings S.A.".

De hecho, Bernardo Freiburghaus también transfirió dinero entre estas cuentas para garantizar que no hubiera rastros que permitieran a las autoridades identificar activos ilícitos. Una vez que los fondos se transferían entre cuentas, se cancelaba la fuente de la cuenta. Por ejemplo, la cuenta de "Quinus Services S.A." en el HSBC Bank se canceló cuando sus activos se transfirieron a cuentas en Royal Bank of Canada S.A., Banque Cramer & Cia S.A., Banquet Pictet & Cia S.A. y PKB Private Bank S.A.

Desde la corrupción sistemática cometida mediante el pago tradicional de sobornos en los que se entregaba dinero en efectivo, hasta sofisticadas transacciones financieras y el uso de varias capas de compañías para lavar y ocultar dinero y capitales, "Lava Jato" revela varias características innovadoras que deberían tener en cuenta las partes interesadas y organismos a cargo de investigar, enjuiciar y sancionar procesos de corrupción complejos como los de cooptación institucional y macrocorrupción analizados en este libro.

Algunas de las lecciones más importantes reveladas en este análisis se relacionan con el tipo de recursos conceptuales, metodológicos y técnicos requeridos para comprender e investigar esquemas ilícitos con la complejidad revelada. Un análisis como el que es realizado en este libro debe profundizarse y ampliarse para proporcionar una comprensión adecuada sobre el alcance, las dimensiones domésticas y transnacionales, y los impactos de estas redes complejas; de lo contrario, las agencias investigativas y policiales enfrentarán estos complejos fenómenos de corrupción como meros esquemas nacionales de corrupción tradicional, favoreciendo la impunidad penal y moral en la sociedad, y en últimas debilitando la democracia.

Puntualmente, la complejidad observada en la red "Lava Jato" resulta de (i) la cantidad y diversidad de tipos de nodos/agentes e interacciones involucradas, (ii) la importancia de las instituciones económicas, sociales y políticas afectadas, y (iii) la naturaleza transnacional de la operación. Abordar esta complejidad exige capacidades conceptuales, metodológicas, técnicas y operativas innovadoras, a menudo ausentes en las Fiscalías Generales y las agencias de investigación que tradicionalmente abordan y confrontan la corrupción como casos tradicionales de naturaleza doméstica, esporádica y aislada. Sin lugar a dudas, investigar, enjuiciar y sancionar redes de cooptación institucional y macrocorrupción como la red ilícita "Lava Jato", requiere una articulación transnacional y la aplicación de capacidades institucionales, operativas y técnicas avanzadas a nivel mundial. Infortunadamente, resta mucho por avanzar en este campo en la mayoría de las regiones.

Asimismo, para enfrentar eficazmente fenómenos de cooptación institucional y macrocorrupción se requiere un conjunto integral de reformas en el ámbito político, económico, cultural y social, al igual que transformaciones societales determinantes, como las esbozadas en el próximo capítulo.

Capítulo 10. Enfrentar la Macrocorrupción: Desafíos y Oportunidades

Durante el año 2008 se llevó a cabo en Brasil una operación judicial conocida como "Lava Jato" con el objetivo de investigar estructuras ilícitas/delictivas, específicamente relacionadas con el lavado de dinero. Los hallazgos derivados de esta investigación revelaron una red internacional de corrupción que operaba en más de 12 países. Aunque la información relacionada con este esquema de macrocorrupción sigue siendo confidencial en la mayoría de los países latinoamericanos, la información divulgada por las autoridades brasileras permitió comprender el carácter transnacional de las operaciones de lavado de dinero y la complejidad de la mencionada red de macrocorrupción. Estas operaciones de lavado de dinero demuestran que conceptos tales como la "soberanía nacional", que fueron poderosos hasta hace algunas décadas, hoy restringen el campo de enjuiciamiento de un fenómeno transnacional de esta naturaleza. Recientemente se han desarrollado más de 40 operaciones judiciales que revelan otras sub-redes ilícitas y criminales que operan en diversas estructuras en los sistemas corporativos, políticos y de la administración pública brasileros.

El funcionamiento de estas redes ilícitas/criminales ha

demostrado la insuficiencia de los conceptos y las estrategias contra la corrupción desarrolladas desde los años 90. El caso "Lava Jato" es un ejemplo de la complejidad, alcance y naturaleza sistémica de las redes ilícitas/delictivas que cada vez se articulan más por agentes que operan en una zona gris/opaca entre legalidad e ilegalidad, mediante acciones con apariencia de legalidad y bajo el cariz de legitimidad.

Según fuentes oficiales discutidas en los capítulos anteriores y enumeradas en el Anexo, la red ilícita/criminal revelada durante la operación "Lava Jato" fue articulada por una colusión de poderosas compañías estrechamente relacionadas con políticos, partidos políticos y funcionarios de alto rango, para así proporcionar servicios a compañías estatales como Petrobras y "Eletrobras" e instituciones públicas, tales como los departamentos de Salud, Obras Públicas y Transporte de Brasil. Varios contratos fueron monopolizados por un grupo de empresas conocido como "El Club", que a través del financiamiento ilícito electoral, el soborno y el tráfico de influencias, tuvo el privilegio de manipular el proceso de licitación de la contratación pública e incluso, en algunos casos, de decidir los requisitos para la licitación.

Durante las licitaciones públicas manipuladas sucedió que las exigencias legales sólo eran cumplidas por las empresas coludidas, lo que daba una apariencia de legalidad formal. A través de este método, se reprodujo un sistema de cooptación institucional y macrocorrupción, garantizándose así injustificada e ilícitamente cuantiosos beneficios a favor de compañías poderosas, funcionarios estatales de alto rango y políticos, y en detrimento del erario público.

El sistema desarrolló una extensa red de lavado de dinero

y blanqueo de capitales para buscar legalizar los activos obtenidos a través de sobornos y contratos irregulares. En este proceso, la estructura ilícita utilizó operadores financieros para desviar dinero con apariencia de legalidad a través de contratos simulados, por ejemplo, hacia otras empresas legales e ilegales – reales y de fachada, nacionales y extranjeras –, fondos financieros y cuentas en el exterior. Estas acciones pretendían obstaculizar que las autoridades responsables pudieran identificar las operaciones ilegales, permitiendo así que compañías participantes, políticos y funcionarios públicos participantes en el entramado acumularan más poder político y económico a lo largo de los años.

Una consecuencia determinante de este sistema de macrocorrupción y cooptación institucional ha sido el avance en una reconfiguración de ciertas instituciones en el Estado brasileño.

En la actualidad es claro que los conceptos y enfoques adoptados desde las últimas décadas para entender y confrontar la corrupción se han quedado obsoletos para poder captar y comprender la complejidad y el alcance del fenómeno de macrocorrupción aquí revelado. Por un lado, con respecto a los conceptos tradicionales de corrupción, la red "Lava Jato" si bien aplicó un sistema masivo de sobornos y manipulación de licitaciones públicas y contratos, esta red incluyó lavado masivo de dinero y blanqueo de capitales en niveles sin precedentes, aparte de otras actividades ilícitas o abiertamente criminales. Por otro lado, con respecto a los conceptos tradicionales utilizados para definir el crimen organizado, "Lava Jato" no se trata de una organización piramidal entre sus 900 nodos/agentes, además de que los agentes y relaciones determinantes y los flujos de recursos evolucionaban constantemente. Asimismo, cabe resaltar que no consistía de una red de criminales individuales de "tiempo completo", sino que se trataba principalmente de un conjunto coordinado de agentes "grises/opacos" determinantes como funcionarios públicos de alto rango, políticos clave, empresarios poderosos, compañías privadas y una variedad de profesionales. Incluso es difícil afirmar que hubo un sólo cerebro criminal dirigiendo todo el esquema; de hecho, operaban simultáneamente varias sub-redes que se articulaban dependiendo de propósitos específicos. En este sentido, "Lava Jato" no es una organización criminal tradicional, se trata de un sistema complejo de macrocorrupción y cooptación institucional.

Hacia un Marco Societal Orientado a la Comprensión y Enfrentamiento Estratégico de las Redes Transnacionales y Descentralizadas de Macrocorrupción y Cooptación Institucional

Adoptar un Enfoque Sistémico Comprensivo

Para combatir eficazmente las redes ilícitas/criminales, como aquellas relacionadas con la macrocorrupción, el lavado masivo de dinero y la cooptación institucional, es importante reconocer el carácter descentralizado de estas redes, que se refleja en su nivel de resiliencia. Como ha sido discutido, la resiliencia resulta del hecho de que estas estructuras no consisten en jerarquías piramidales y rígidas de arriba hacia abajo en las cuales un sólo líder concentra el poder de decisión; en "Lava Jato", así como en otras macro-redes actuales, se puede dar el caso de que miembros de las diferentes sub-redes no necesariamente interactúan entre sí, al menos no directamente.

En este contexto, algunas acciones llevadas a cabo por un miembro de una sub-red pueden definirse como legales si se analizan desde una perspectiva individual y aislada, pero en ciertos casos las mismas acciones pueden ser claramente ilícitas cuando se analizan en el contexto de una red completa. La conveniencia y necesidad de un enfoque sistémico se acentúa aún más, por ejemplo, para definir el grado de responsabilidad de cada miembro en una red e identificar su relevancia operativa.

Después de reconocer las principales características de las redes ilícitas/criminales descentralizadas que difieren de las organizaciones criminales piramidales tradicionales, es importante adoptar nuevos conceptos y metodologías para el análisis.[258] Consecuentemente, se debe adoptar un marco legal para reformar e incluso reemplazar algunos enfoques y metodologías de investigación, juicio y sanción prevalecientes. Dichos desarrollos deberían escalar a un nivel transnacional a través de acuerdos entre Oficinas Generales de la Fiscalía, por ejemplo.

Como se vio en el caso "Lava Jato", las redes ilegales/delictivas se han vuelto lo suficientemente sofisticadas para desarrollar ciertas actividades en países o continentes específicos según el contexto institucional, por ejemplo, pagando sobornos en un país, realizando actividades legales

---

258 Entre los conceptos más relevantes que deben ser considerados y evaluados están: i) *hub*, el cual describe al agente que dentro de la red centraliza el mayor número de interacciones directas, ii) puente estructural, el cual hace referencia a los actores con mayor capacidad para manipular o controlar flujos de información y otros recursos a través de la red, y iii) estabilizadores, los cuales hacen referencia a los agentes que posibilitan la cohesión de las sub-estructuras de la red. Haciendo uso de estos conceptos, y clasificando los tipos de agentes e interacciones que se desarrollan en la red, es posible aplicar un análisis ténico descriptivo del funcionamiento de la estructura. Asimismo, estos conceptos permiten identificar el verdadero nivel de relevancia e impacto de cada agente y sus acciones.

e ilegales en otro y, finalmente, blanqueando activos a través de terceros en paraísos fiscales. Como resultado, en algunos países es imposible revelar los objetivos finales de redes ilícitas o identificar los grados de responsabilidad y participación de cada uno de los agentes involucrados. Por ejemplo, en el caso particular de "Lava Jato" ha sido imposible identificar completamente las actividades de "The Clube" en más de 12 países donde algunas de estas empresas operaron incluso corrompiendo diversos agentes privados y públicos poderosos, cooptando instituciones del Estado a través de partidos políticos y renombrados políticos gracias al financiamiento de partidos y campañas electorales, y al soborno masivo.

Esta operación transnacional es un desafío para llevar a cabo investigaciones, enjuiciamientos y fallos efectivos, dadas las restricciones legales, jurisdiccionales e institucionales. Desafortunadamente, fiscales, abogados, investigadores judiciales, jueces y periodistas suelen seguir usando conceptos y metodologías tradicionales claramente insuficientes para comprender esta complejidad criminal emergente. Esta situación se ve agravada por la falta de arreglos institucionales − en los sistemas judiciales − para rastrear y explicar las relaciones funcionales entre dinámicas criminales transnacionales y locales. Aunque entidades multilaterales como las Naciones Unidas (ONU), el Banco Mundial (BM), el Fondo Monetario Internacional (FMI), el Banco Interamericano de Desarrollo (BID) y la Organización de Estados Americanos (OEA) han adoptado instrumentos y protocolos para combatir la corrupción en ciertas regiones, sus conceptos ya han quedado obsoletos en el contexto de este fenómeno cada vez más complejo e hiperconectado.

De hecho, la OEA fue una de las primeras instituciones multilaterales que reconoció el carácter global de la corrupción. En 1996, durante la conferencia de Caracas, se aprobaron protocolos para prevenir y combatir la corrupción. El artículo VI de la Convención Interamericana contra la Corrupción estableció cinco escenarios en los que un acto puede definirse como corrupto,[259] mientras que el Artículo VIII estableció un primer escenario en el que se reconoce el carácter internacional de la corrupción: "se sancionará el acto de ofrecer o conceder a un servidor público de un Estado diferente, directa o indirectamente, por parte de sus nacionales, personas con residencia habitual en su territorio y empresas allí domiciliadas (...)".[260] Esta declaración refleja un progreso notable en términos de comprensión y confrontación de la corrupción debido a que la descripción de tres criterios calificadores para el nodo/agente activo reconoce, al menos implícitamente, la existencia de redes transnacionales ilícitas, identificandoque los acuerdos entre tres nodos/agentes activos podrían ocurrir en diferentes territorios. Esta idea se ve reforzada por la interpretación del Artículo XI, secciones c) y d), que también reconoce un acuerdo y planificación

---

259 El artículo VI establece como principios rectores de un acto de corrupción, los siguientes: a) solicitud o aceptación, b) oferta o concesión, c) acción u omisión, d) uso u ocultamiento fraudulento y e) participación.
260 Artículo VIII: "Con sujeción a su Constitución y los principios fundamentales de su ordenamiento jurídico, cada Estado Parte prohibirá y castigará la oferta o la concesión, directa o indirectamente, por sus nacionales, las personas que tengan su residencia habitual en su territorio y las empresas domiciliadas allí, a un gobierno, funcionario de otro Estado, de cualquier artículo de valor monetario u otro beneficio, como regalo, favor, promesa o ventaja, en relación con cualquier transacción económica o comercial a cambio de cualquier acto u omisión en el desempeño de las funciones públicas de ese funcionario".

entre varios agentes para obtener beneficios que son estrictamente económicos.[261]

Sin embargo, aunque la Convención Interamericana contra la Corrupción reconoce un acuerdo entre más de tres personas, no constituye una definición integral de redes complejas, transnacionales e ilícitas y criminales en las que participan cientos o miles de agentes. Tales definiciones y conceptos restrictivos dificultan el análisis para comprender los efectos de la red como un todo, y excluyen de manera inadecuada algunos nodos/agentes y acciones abiertamente ilegales o al menos ilegítimas, ya que omiten las acciones de agentes "grises u opacos", supuestamente legales pero que en realidad sirven para asegurar el favorecimiento de intereses ilegales o incluso criminales.[262] Así, por ejemplo, las acciones de aquellos agentes "grises" en el sector privado y público que facilitan el desarrollo y posterior asignación viciada de licitaciones deben ser debidamente investigadas y juzgadas porque omitirlas se traduciría en impunidad.

---

261 Artículo XI: "... c) Cualquier acto u omisión de cualquier persona que, ya sea personalmente, a través de un tercero, o actundo como intermediario, busque obtener una decisión por parte de una autoridad pública, adquiriéndola ilícitamente para beneficiarse sí mismo o a alguien más, así la consiga o no, dicho acto u omisión atenta contra la propiedad del Estado; y d) La desviación por parte de un funcionario del gobierno, para fines no relacionados con aquellos para los cuales fueron destinados, para su propio beneficio o el de un tercero, de cualquier bien mueble o inmueble, dinero o valores pertenecientes al Estado, a una agencia independiente, o a un individuo, que dicho funcionario ha recibido en virtud de su cargo para fines de administración, custodia o por otros motivos.

262 Por ejemplo, solo a través de un enfoque integrador y sistémico es posible entender el rol de las empresas que permitieron a las firmas de Miguel Iskin establecer un esquema fraudulento de comercio internacional de bienes, servicios y licitación internacional, como la sub-operación "Fratura Exposta". En el mismo sentido, las sub-operaciones "Calicute" y "Saqueador" también revelaron información sobre una estructura ilícita y criminal liderada por el gobernador de Río de Janeiro, y articulada por su Secretario General y los representantes de las empresas privadas de "El Club". Los bancos que desempeñaron papeles importantes al ocultar fondos ilegales son otro ejemplo de nodos/agentes "grises".

Los conceptos tradicionales que sirven para comprender algunos actos revelados por la operación "Lava Jato" son aún insuficientes para explicar algunas características básicas del sistema de macrocorrupción y cooptación institucional. En general, dada la gran cantidad y diversidad de nodos/agentes, instituciones, actividades y recursos, así como la complejidad de ciertas relaciones entre agentes, que distinguen este tipo de estructuras ilícitas descentralizadas y transnacionales, resulta indispensable adoptar un enfoque integrador y sistémico.

Los análisis e investigaciones fragmentados y las acciones restringidas resultantes – a nivel penal, político y social – son unas de las limitaciones más importantes del enfoque prevaleciente, resultado de las restricciones impuestas por definiciones y protocolos aplicados bajo los códigos penales actuales. Las acciones ejecutadas por nodos/agentes de redes ilícitas/criminales a menudo se enmarcan como fallas administrativas cuando se analizan desde un enfoque casuístico, y no desde un enfoque sistémico. En respuesta a estas limitaciones, es necesario reconocer y comprender las diferencias entre una organización criminal aislada, piramidal, vertical y rígida articulada por pocos delincuentes a tiempo completo, y una red ilícita descentralizada, horizontal y maleable en constante cambio, articulada por varios tipos de nodos/agentes que también ejecutan diversos tipos de actividades, las cuales oscilan entre la ilegitimidad, la ilegalidad y la criminalidad plena.

Implementar un Enfoque Teórico y Sistémico, como el Análisis Sociales de Redes (SNA), con Protocolos, Metodologías y Herramientas Operativas

Es fundamental que los investigadores y operadores judiciales reconozcan y comprendan las formas sofisticadas y complejas de corrupción que a veces se omiten en los códigos y leyes penales vigentes.

Como se ha discutido en capítulos anteriores, aunque no es el único, el SNA es un marco conceptual, metodológico y operativo adecuado para el estudio empírico de estructuras sociales complejas como los sistemas de macrocorrupción y cooptación institucional. Además, el SNA debe complementarse con algoritmos y protocolos específicos para caracterizar correctamente particularidades determinantes del fenómeno referido.

El poder judicial, en general, ha de adoptar con urgencia medidas para actualizar sus capacidades operativas e investigativas a fin de poder analizar y combatir eficazmente la macrocorrupción y la cooptación institucional. Algunas de estas acciones son: (i) realizar investigaciones orientadas a comprender las características operativas y estructurales de este tipo de sistemas ilícitos y criminales a nivel local y nacional; (ii) adelantar estudios internacionales comparativos para avanzar hacia una caracterización de patrones de macrocorrupción transnacional; (iii) capacitar y fortalecer las capacidades técnicas de los organismos encargados de investigar y juzgar procesos de corrupción, en especial macrocorrupción, y (iv) revisar la legislación judicial vigente para promover una actualización iterativa de códigos penales y civiles para facilitar la investigación y el juzgamiento efectivo de los sistemas de macrocorrupción.

Reformar Códigos Penales y Civiles para Investigar, Enjuiciar y Penalizar efectivamente la Macrocorrupción

Dada la naturaleza sistémica de las redes macro-criminales, la macrocorrupción y la cooptación institucional, la legislación penal y civil convencional ha sido superada. Mientras que en la legislación convencional básica se definen las acciones ilícitas y criminales como aquellas cometidas por un agente específico en contra de otro agente de manera casual, esporádica y aislada, y por tanto, no como componentes de un sistema criminal o ilícito en el que se planean y orquestan las acciones de sus múltiples agentes participantes para el logro de los propósitos de la organización como un todo.

La práctica más común en la investigación y enjuiciamiento penal se caracteriza por un enfoque de caso-por-caso; como resultado, la información relacionada con acciones ilícitas o criminales específicas suele tratarse de manera compartimentada entre sí, impidiéndose o al menos dificultándose la posibilidad de develar una eventual conexidad y sistematicidad entre algunos de los casos analizados aisladamente.

Como se mencionó anteriormente, en relación con la corrupción avanzada y la cooptación institucional es fundamental adoptar un enfoque integral para reconocer el carácter sistemático de una gran variedad de interacciones ilegítimas, ilícitas y delictivas establecidas entre agentes legales, ilegales y "grises". Por lo tanto, el enfoque caso-por-caso debe ser reemplazado por uno sistémico.

En este contexto, es necesario ir más allá del modelo básico y convencional de derecho penal y civil, adoptando el concepto penal extendido de responsabilidad indirecta y responsabilidad agravada en una red ilícita/criminal – como conspiración o conspiración agravada y asociación ilícita o criminal, por ejemplo – como uno de los requisitos para poder realizar investigaciones de carácter sistémico y comprensivo, a fin de juzgar y penalizar debidamente a redes ilícitas y criminales como de macrocorrupción y cooptación institucional. Razón por lo cual deberían incorporarse y aplicarse ajustes de esta naturaleza en códigos penales.

Asimismo, siendo un propósito crítico recuperar los recursos públicos apropiados ilegalmente por unos intereses privados poderosos, para compensar el valor de los daños sociales y privados, así como la pérdida de beneficios de carácter social, debe establecerse en la ley penal la obligación legal de gestionar eficazmente, no sólo a nivel doméstico sino también transnacional, el decomiso de activos y la confiscación de propiedades a los agentes directa o indirectamente responsables – individuos y empresas – en redes de macrocorrupción.

Cuando se supera el enfoque básico de corrupción caso-por-caso, y se opta por una visión sistémica del fenómeno de la macrocorrupción, es posible reconocer que sus impactos más sobresalientes no sólo ocurren al nivel individual, sino también nivel meso y macro, y no exclusivamente de naturaleza económica, sino además en las esferas social, política, cultural e institucional.

A manera de ilustración, varias infracciones cometidas

en el marco de una operación de macrocorrupción con la apropiación ilegal de cuantiosos recursos públicos pueden clasificarse como violaciones masivas a los derechos humanos de los grupos sociales y poblacionales afectados, especialmente grupos vulnerables. En consecuencia, los códigos contra la macrocorrupción deberían tratar algunos de los daños sociales bajo el marco legal desarrollado – tanto a nivel doméstico como a nivel internacional – para sancionar diferentes violaciones a derechos humanos.

Suscribir e Implementar Acuerdos de Cooperación Internacional para la Lucha contra la Macrocorrupción

Dado que la macrocorrupción se ha transformado cada vez más en un fenómeno intrínsecamente transnacional, es necesario definir, coordinar y estructurar estrategias y acciones jurídicas y de investigación comunes entre países afectados. Una estrategia judicial eficaz debería sancionar a los agentes directa e indirectamente involucrados, responsables de daños económicos, humanitarios e institucionales, recuperando recursos públicos y privados apropiados ilegalmente por tales agentes, mediante la confiscación de capitales y fondos de inversión, y la detección y remoción de compañías de fachada y cuentas offshore bajo la aplicación de códigos actualizados contra el lavado de dinero y el blanqueo de capitales, y la extinción de dominio.

En este contexto, los criterios penales y civiles deberían armonizarse a nivel internacional para combatir procesos de macrocorrupción en sus diferentes instancias de acción, incorporando la macrocorrupción y la cooptación institucional como sujetos de jurisdicción universal para facilitar el enjuiciamiento internacional de este tipo de delito de carácter sistémico. Esto implicaría establecer acuerdos internacionales para el intercambio de información judicial, financiera y corporativa entre las autoridades nacionales para identificar y analizar acciones ilícitas y criminales relacionadas con procesos de macrocorrupción a nivel internacional.

Reformar el Funcionamiento Institucional de Partidos Políticos y el Financiamiento Electoral

A pesar de que los partidos políticos y la actividad política en general se han de concebir como plataformas ideológicas que representan intereses y propósitos sociales duraderos, progresivamente se han ido asumiendo como plataformas corporativas para la legitimación injustificada, la imposición y la representación de algunos intereses privados poderosos, excluyentes, aún en detrimento de intereses sociales perdurables. Especialmente en ciertos contextos, los partidos políticos tienden a ser utilizados actualmente para instalar indebida e ilegítimamente intereses particulares poderosos– incluso en ocasiones intereses ilícitos o "grises" – en el núcleo de instituciones del Estado, es decir, en la administración pública en diversas ramas y niveles. Como resultado del uso ilegítimo de partidos políticos, las redes ilícitas/criminales han comprometido, manipulado, capturado o cooptado instituciones críticas del Estado al más alto nivel, distorsionando los principios básicos del Estado de derecho y el régimen político democrático. Esta es una etapa más avanzada y socialmente perversa que el

"clientelismo" político tradicional debido a su naturaleza

sistémica y corporativa.

Por lo tanto, es necesario reformar el funcionamiento y la arquitectura institucional de los partidos políticos para garantizar que representen y promuevan plataformas ideológicas, propongan agendas sociales programáticas, refuercen la participación deliberativa, promuevan nuevos liderazgos políticos, incorporen a grupos excluidos a la deliberación política, actúen como promotores de intereses públicos duraderos sobre intereses privados, individuales y excluyentes, y contribuyan a fortalecer el desarrollo de la democracia y el régimen democrático.

Además, en general, el financiamiento electoral puede facilitar la cooptación institucional y la influencia discriminatoria y perniciosa por parte de poderosos intereses privados – en ocasiones incluso ilícitos y criminales – en la administración pública para favorecerse indebidamente a través de las políticas, la contratación y la burocracia públicas.

En este contexto, a pesar de sus propias limitaciones, es de suma importancia (i) adoptar protocolos y herramientas tecnológicas por parte de fiscales y jueces, para comprender relaciones funcionales entre estructuras políticas y redes privadas e ilícitas/criminales, y (ii) establecer grupos de trabajo para mejorar la investigación judicial contra el financiamiento ilícito, reforzando las sanciones penales y administrativas contra el financiamiento electoral ilegal mediante la aplicación de códigos de regulación estrictos y exhaustivos sobre donaciones y patrocinios a campañas electorales y partidos políticos.

Para abordar la participación de los funcionarios elegidos públicamente en las redes de macrocorrupción, es importante complementar las sanciones mencionadas anteriormente con respecto a la responsabilidad directa e indirecta en sistemas ilícitos y criminales, con sanciones administrativas y políticas impuestas no sólo a nivel de funcionario o agente político individual, sino también a nivel de movimiento y partido político. Para enfrentar estos procesos de macrocorrupción y cooptación institucional a través del financiamiento electoral, la propuesta más común ha sido eliminar el financiamiento privado de los partidos políticos y las campañas electorales. Si bien esta reforma contribuiría a aminorar el problema, no evitaría todas las consecuencias perversas resultantes de la colusión establecida por intereses privados corporativos con partidos y políticos poderosos. Por tanto, se necesitan adicionalmente controles y sanciones estrictas para investigar y penalizar directamente a partidos y movimientos políticos.

Aplicar Sistemas de Alerta Temprana para la detección de Redes Ilícitas y Criminales de Macrocorrupción

Recientemente se han implementado sistemas de alerta temprana en algunos países europeos para prevenir actividades de corrupción e identificar redes ilícitas y delictivas, contribuyendo así a identificar áreas de riesgo en las cuales esas redes encuentren condiciones aptas para operar. Esta información resulta fundamental para evitar oportunidades de corrupción, además para el diseño tanto de política pública preventiva como de medidas regulatorias.

Algunas áreas principales en las que se debe adoptar un monitoreo permanente para identificar malas prácticas son, entre otras: instituciones estatales clave que concentran elevado poder económico o político, actividades corporativas con importantes intereses económicos involucrados en su relacionamiento con entidades estatales, administraciones de partidos políticos y campañas electorales. La información resultante debería ser útil para activar líneas de inteligencia e investigación y grupos de trabajo para el seguimiento de informes ciudadanos y análisis de expertos.

Institucionalizar Sub-sistemas Judiciales Especializados en Juzgar la Macrocorrupción y Cooptación institucional

La experiencia peruana durante y después del régimen de Fujimori muestra cuán importante fue el establecimiento en el año 2000 de un sub-sistema judicial anticorrupción para avanzar en el enjuiciamiento, la recuperación de activos y la imposición de castigos a los miembros de la red de corrupción y otras actividades ilícitas bajo el liderazgo de Montesinos y Fujimori.[263] Pareciera claro que sub-sistemas judiciales especializados pueden ser un elemento clave para fortalecer las capacidades de investigación y enjuiciamiento de la corrupción y la cooptación institucional en varios países.

Un sub-sistema anticorrupción ha de estar compuesto por investigadores y jueces altamente capacitados con relativa autonomía para adoptar protocolos específicos a fin de gestionar, sistematizar y analizar grandes cantidades de

---

263 Salcedo-Albarán, E., & Garay Salamanca, L. J. (2016). *Macro-criminalidad: Complejidad y Resiliencia de las Redes Criminales*. Bloomington: iUniverse.

información relativa a un elevado número de agentes, tipos de relaciones y sub-redes, así como para aplicar innovadores procedimientos y sanciones penales y administrativas. En efecto, guardadas propciones, ello habría resultado fundamental en Perú para llevar a cabo acciones legales apropiadas contra Montesinos bajo los delitos de corrupción, lavado de dinero y enriquecimiento ilícito, y posteriormente contra el propio presidente Fujimori.

Fortalecer Sanciones e Investigaciones Administrativas para evitar la denominada "Puerta Giratoria"

En varios países es común que después de servir como funcionarios en posiciones reguladoras y administrativas clave, buen número de ellos (o ellas) opten por trabajar en el sector privado para proporcionar su conocimiento experto sobre cómo interpretar e identificar vacíos y resquicios en las normas regulatorias existentes que puedan afectar intereses de sus empresas empleadoras, al punto incluso de planear cómo evitar requisitos administrativos o legales o cumplirlos parcialmente de manera ventajosa, con apariencia de legalidad, en provecho estratégico de fallas en la normatividad, con apariencia de legalidad, con miras a obtener beneficios excluyentes e injustificados. Aunque algunos países han adoptado códigos disciplinarios para prevenir este fenómeno conocido como el de la "puerta giratoria" entre agencias reguladoras públicas y las corporaciones privadas, las entidades a cargo de hacer cumplirlos generalmente carecen de las capacidades necesarias para ejecutar las investigaciones detalladas requeridas, así como para imponer las sanciones establecidas. Por tanto, especialmente en países latinoamericanos, es fundamental establecer sub-sistemas en esas entidades, con las capacidades para investigar y hacer cumplir las sanciones administrativas en casos de violaciones de inhabilidades y de conflictos de intereses en la administración pública.

Aplicar un Enfoque orientado al Riesgo para detectar el Lavado de Dinero en Redes de Macrocorrupción, a través del análisis en tiempo real
de Flujos Financieros Ilícitos

El objetivo principal de la simple corrupción tradicional es generar beneficios económicos, por lo que el lavado de dinero y blanqueo de capitales constituye una actividad ilícita estrechamente relacionada con la corrupción, especialmente en la medida en que esa corrupción se vuelve más compleja y sistémica.

El propósito básico de los procesos de lavado de dinero, como se afirma a menudo, es convertir el dinero derivado de transacciones ilícitas – dinero "sucio" – en otros activos legítimos, ocultando así su procedencia ilegal. Por esta razón, el derecho internacional[264] ha instado a los gobiernos a criminalizar los procesos de conversión de dinero. De hecho, se requiere que los países penalicen el lavado de fondos ilícitos derivados de actividades que suceden tanto dentro de su territorio como en el exterior. Sin embargo, varias áreas "grises" continúan afligiendo la criminalización del lavado de dinero

---

264 Los instrumentos internacionales con directrices para enfrentar el lavado de dinero son la Convención de las Naciones Unidas contra la Delincuencia Organizada Transnacional (2000); Convenio del Consejo de Europa sobre el blanqueo, la búsqueda, la incautación y el decomiso de los productos del delito y sobre la financiación del terrorismo (1990); la Ley de Estrategia sobre Blanqueo de Capitales y Crímenes Financieros (1998); y la Convención de las Naciones Unidas contra la Corrupción, 2003.

en el mundo ante la falta de uniformidad respecto al carácter ilícito de las transacciones, a excepción de las actividades reconocidas por el derecho penal internacional como el tráfico de drogas ilícitas. Por lo tanto, el desarrollo de una ley penal común en torno al lavado de dinero ha sido modesto, especialmente cuando está relacionado con corrupción. Aunque instrumentos como la Convención contra la Corrupción de la OEA y la Convención de la ONU contra la Delincuencia Organizada Transnacional, han surgido para avanzar en la convergencia y armonización de leyes penales nacionales contra la corrupción, el nivel de aplicación de leyes sigue siendo desigual entre países.

Las estrategias y leyes contra el lavado de dinero dependen en gran medida de la identificación de transacciones consideradas "sospechosas". Por definición, la legislación sólo puede funcionar donde y cuando haya evidencia sólida de sospecha. La existencia de tal evidencia se basa en información de antecedentes y la identificación de ciertas actividades que son más propicias o más vulnerables al lavado de dinero, y por lo tanto, ubicar actividades a partir de las cuales se derivan fondos relacionados con el lavado de dinero. Potencialmente, hay tantas actividades relevantes para la investigación como variedades de delitos económicos.

Por esa razón, es necesario priorizar actividades basadas en las percepciones de las autoridades policiales. Por ejemplo, el origen estadounidense del término "lavado de dinero" está íntimamente relacionado con el crimen organizado dedicado a las actividades del tráfico de alcohol y la prostitución. Cuando se introdujo en el derecho penal internacional, el control del lavado de dinero se dirigió al tráfico de drogas ilícitas.[265] En muchos sentidos, el tráfico de drogas todavía se considera como una actividad central para el lavado de dinero.

Se deben hacer análisis de inteligencia y establecer protocolos para identificar transacciones sospechosas derivadas de actividades legales, pero potencialmente útiles para el lavado de dinero, así como para comprender las posibles estructuras sociales en las que se ocultan los activos. De hecho, el análisis de inteligencia se vuelve aún más relevante considerando que la macrocorrupción a nivel doméstico generalmente involucra movimientos de efectivo o el uso de terceros para ocultar activos ilícitos, lo que significa que es fundamental para las autoridades poder identificar la estructura social de los agentes involucrados.

Dado que el análisis transforma los datos brutos en inteligencia, es necesario adoptar procesos, protocolos, metodologías y herramientas tecnológicas para que se ejecuten de manera permanente. Sin la capacidad de realizar un análisis efectivo y en tiempo real, el proceso de inteligencia se reduce a un sistema simple de almacenamiento y recuperación de datos no relacionados. El volumen cada vez mayor de datos transmitidos a nivel mundial que informa sobre los flujos financieros ilícitos impone la necesidad de un análisis en tiempo real.

Los protocolos relacionados con el Análisis Social de Redes son actualmente críticos para visualizar y comprender flujos financieros ilícitos entre agentes sociales, individuos y grupos. Estos protocolos permiten a las autoridades concentrar sus esfuerzos en aquellos

---

265 Goredema, C. (2004). "Money laundering in Southern Africa. Incidence, magnitude and prospects for its control". Institute for Security Studies Papers, 2004(92), p. 11.

agentes que desempeñan un papel estabilizador en las estructuras ilícitas y criminales.

También es importante considerar el uso creciente de las criptomonedas – como Bitcoin, Ethereum, Ripple, Cardano, EOS, entre otros – como nuevos medios de intercambio y como unidades de valor, creando un entorno favorable y sin precedentes para el lavado masivo de dinero a escala global. Específicamente, la tecnología blockchain utilizada para mantener la operación de estas criptomonedas las hace relativamente seguras al registrar cada transacción; sin embargo, al menos en teoría, son prácticamente imposibles de rastrear. Las perversas consecuencias potenciales en términos de reforzar y expandir el lavado de dinero relacionado con la macrocorrupción transnacional y la cooptación institucional, exige la aplicación de novedosos enfoques y herramientas que permitan un monitoreo fiable de la emisión y movimiento de estas monedas. Sin duda alguna, es una nueva área de política y regulación pública internacional que debe desarrollarse como prioridad en el futuro inmediato.

Implementar Controles Judiciales Innovadores y Administrativos Complementarios en los procesos de Contratación Pública

Como lo revela el caso "Lava Jato", algunos tipos de interacciones ilícitas y delictivas entre agentes públicos y privados se materializan a través de la licitación y la ejecución de contratos públicos. Algunas acciones penales, admistrativas y organizativas que deben implementarse de manera integral para reducir efectivamente los riesgos de corrupción en los procesos de contratación, son: (i) definición y aplicación de un número reducido de tipos de modelos contractuales bien especificados para promover la libre competencia entre empresas licitantes y garantizar una distribución equitativa de los riesgos entre las partes involucradas; (ii) monitoreo en tiempo real de información relacionada con procesos de contratación pública a través de equipos encargados de realizar: monitoreo preventivo de licitaciones, análisis de empresas licitantes que han participado en procesos previos de contratación pública, verificación de los antecedentes, patrimonio y conexiones sociales de cada representante de las empresas licitantes, análisis comparativo de precios de referencia para el costeo de las propuestas licitatorias; (iii) monitoreo y evaluación de las enmiendas a los contratos públicos, imponiendo una verificación estricta de los costos incrementales y la extensión de tiempos previstos para la ejecución de los contratos, y la notificación oportuna de dichas modificaciones a la Oficina del Procurador General correspondiente; y (iv) acceso amplio y oportuno a la información sobre gastos públicos y contratación del Estado a través de un sistema eficaz de rendición de cuentas a nivel local y nacional.

Implementar tanto Controles Políticos y Administrativos, como Sanciones a Transacciones Ilegales y Apropiaciones aparentemente Legales en Mercados Frágiles y Altamente Riesgosos

Como principio general, para diseñar una estrategia anticorrupción es necesario realizar un análisis de riesgo de los mercados que son vulnerables a la reproducción de transacciones ilegales o aparentemente legales. Las redes ilícitas/delictivas tienden a operar en estos mercados frágiles y vulnerables, canalizando a través de ellos recursos generados de actividades ilegales. Este análisis permitirá identificar las normas, regulaciones y controles más adecuados para controlar y monitorear actividades susceptibles de ser reproducidas en cada mercado de riesgo seleccionado, de acuerdo con sus características particulares.

A manera de ilustración de un mercado riesgoso en los términos referidos, es el mercado de tierras en países caracterizados por un "rentismo extractivo" como régimen social agrario – mucho más profundo y estructural que el comportamiento tradicional de "búsqueda de rentas"[266] –, siendo la tierra más una especie de activo político y social que un verdadero activo de inversión económica, gobernado no sólo por su rentabilidad económica, sino especialmente por su utilidad para acumular poder.

En este contexto se reprodujo en Colombia un caso conocido de captura y cooptación institucional del Estado durante las últimas tres décadas, que tuvo entre sus consecuencias más perversas el desplazamiento forzado de sus tierras de más de 7 millones de campesinos a través de la violencia y la aplicación de acuerdos políticos ejecutados por guerrillas y paramilitares, narcotraficantes, políticos locales y regionales, altos cargos electos como alcaldes locales, gobernadores departamentales y congresistas nacionales.

---

266 Garay Salamanca, L. J. (1999). *Construcción de una nueva sociedad.* Tercer Mundo Editores-Cambio, y Garay Salamanca, L. J. (2014). "Sobre la problemática de la propiedad y el uso de la tierra en un contexto de usufructo del poder y la violencia como en Colombia. A propósito de algunas perspectivas clásicas de economía política". Bogotá.

En este proceso más de 7 millones de hectáreas fueron abandonadas o usurpadas forzosamente a sus poseedores. Muchas de estas tierras fueron apropiadas ilegalmente por redes ilícitas/criminales, especialmente por los mismos victimarios, aunque también por terceros, y luego revendidas a través de transacciones aparentemente legales a terceros, especialmente terratenientes poderosos y compañías privadas que conocían los antecedentes de violencia y desplazamiento forzado masivo de campesinos en las respectivas regiones.

Fortalecer la Rendición de Cuentas y la Transparencia Institucional a través de Incidencia Política y Escrutinio de parte de Organizaciones Cívicas

La rendición de cuentas sigue siendo uno de los mecanismos más importantes para controlar y enfrentar las modalidades básicas de corrupción. De hecho, se ha encontrado que en países con legislación represiva que restringe la libertad de los medios, los actos de corrupción reciben menos atención y, por tanto, no se abordan de manera efectiva. Aún más, al menos para los Estados Unidos se ha encontrado que las ciudades aisladas con un bajo nivel de escrutinio cívico son más propensas a la corrupción.[267]

Asimismo, después de revisar la situación de corrupción y la legislación de medios en México, se constató que "cuando está en juego la reputación de actores bien posicionados como políticos y burócratas, la amenaza de enjuiciamiento judicial es lo suficientemente creíble como para tener un

---

267 Campante, F. R., & Quoc-Anh, D. (2014). "Isolated Capital Cities, Accountability, and Corruption: Evidence from US States". *The American Economic Review*, 104(8).

observable efecto disuasorio –estadística y sustancialmente significativo – sobre el comportamiento de … editores".[268]

A pesar de la sofisticación en los procesos de macrocorrupción transnacional y cooptación institucional, el soborno sigue siendo un mecanismo corriente para consolidar el funcionamiento básico del esquema. Sin embargo, aunque el soborno, especialmente aquel que es pagado por empresas extranjeras, es comúnmente aceptado como una herramienta perversa con efectos negativos en la sociedad y el entorno empresarial, también se ha argumentado que el soborno no es más que un costo de transacción inevitable para las empresas.

Por ejemplo, durante los debates en torno a la promulgación de la "Ley de Prácticas Corruptas en el Extranjero" (FCPA) en 1977, en los Estados Unidos se argumentó que los sobornos "eran simplemente uno de los costos de hacer negocios en el extranjero y la imposibilidad de proporcionarlos podría ubicar a las empresas en una desventaja competitiva". Aunque estos debates ocurrieron hace cuatro décadas, enfoques similares siguen siendo comunes, lo que implicaría que la transparencia impuesta por la FCPA constituye una desventaja para las empresas estadounidenses que enfrentan competencia global contra empresas como las chinas y rusas en las que la transparencia es irrelevante o insignificante, especialmente cuando opera, según esa perspectiva, "en países en desarrollo donde la corrupción a menudo es generalizada".[269] De hecho, durante los años 60 también se sugirió que

---

268 Stanig, P. (Jan. de 2015). "Regulation of Speech and Media Coverage of Corruption: An Empirical Analysis of the Mexican Press". *American Journal of Political Science*, 59(1), p. 191.
269 Lippitt, A. H. (2013). "An Empirical Analysis of the Foreign Corrupt Practices Act". *Virginia Law Review*, 99(8), p. 1986.

"la corrupción podría ayudar al desarrollo al facilitar información y, por tanto, la inversión económica".[270]

Este tipo de argumentos explica por qué en algunos países las normas de responsabilidad y anticorrupción a veces son señaladas como una de las causas de la crisis económica que sigue a los escándalos de corrupción; incluso se ha defendido que modificar el *statu quo* corrupto causaría una crisis económica, y no la corrupción misma. En países como Guatemala, las acciones contra el *statu quo* corrupto a menudo se han criticado como esfuerzos para desestabilizar el país. En Brasil, las investigaciones contra políticos de trascendencia nacional e internacional se han definido por ciertos sectores como persecución política.

En contraste, la evidencia empírica más reciente proporcionada por Lippitt sugiere que la aplicación de la FCPA ha mejorado la lucha global contra la corrupción: "los países con un mayor número de violaciones de la FCPA procesadas también tienden a ser aquellos donde la gente percibe que la corrupción está disminuyendo". Al fin de cuentas, el enfoque aceptado hoy es que la transparencia resulta fundamental para mejorar un entorno de competencia comercial justa.[271]

Lamentablemente, a pesar de la reconocida importancia de fortalecer la transparencia institucional y la rendición de cuentas, debe enfatizarse que su efectividad disminuye sustancialmente cuando se enfrenta a un fenómeno sistémico, multinivel y transnacional, como el de la cooptación institucional y la macrocorrupción. En este

---

270 Williams, R. (1999). "The New Politics of Corruption". *Third World Quarterly*, 20(3), p. 487.
271 Ibid., p. 1928.

sentido, la rendición de cuentas debe ser reforzada no sólo por una ciudadanía consciente, informada y proactiva, sino también por una contribución comprometida de expertos para comprender las características e implicaciones de un fenómeno complejo y actualizado como el aquí referido.

Legitimar y Renovar Principios Fundacionales de la Sociedad

Como se ha discutido, cuando el crimen y la corrupción se vuelven sistémicos y adquieren una dimensión transnacional y multinivel, deben aplicarse enfoques legales, regulatorios y administrativos complejos. Además, para prevenir, enfrentar e incluso revertir el fenómeno de la corrupción, se requiere formular y adoptar una heurística cívica, política, social, cultural y moral renovada que sustituya a la tradicional; esto incluye la renovación de valores cívicos, reglas y normas sociales, regulaciones e instituciones en sociedades en las que la ilegalidad permea prácticas sociales determinantes.

En este sentido, luego de reconocer la necesidad e importancia de las reformas e innovaciones requeridas en los diversos niveles sociales, debe quedar claro que a medida que avance un fenómeno sistémico como el de macro-criminalidad, macrocorrupción y cooptación institucional, "ceteris paribus", se profundiza la naturaleza fundacional de los cambios societales requeridos.[272]

Varios principios fundacionales deben ser ampliamente legitimados y adoptados a nivel social, algunos de los

---

272 Garay Salamanca, L. J. (1999). *Construcción de una nueva sociedad*. Tercer Mundo Editores-Cambio, y Garay Salamanca, L. J. (2002). *Repensar a Colombia*. Bogotá: Alfaomega.

cuales se enumeran a continuación como ejemplificación ilustrativa, puesto que su análisis detallado no es el objetivo principal de este libro.

Legitimar societalmente la prevalencia de la Esfera Pública y el Estado de Derecho

Habría de reproducirse un proceso social inclusivo para renovar y garantizar la preeminencia societal de la esfera pública consecuente con la debida observancia de los intereses públicos y los derechos humanos fundamentales de la población en general y no sólo de aquellos con mayor poder y capacidad económica y política, en línea con el progreso humano y el consenso internacional. Esto requiere, entre otros, desarrollar una cultura cívica renovada que trascienda la función de rendición de cuentas y avance hacia un papel participativo y deliberativo del ciudadano para deconstruir las relaciones público-privadas bajo una heurística "individualista societal" que trascienda la "individual individualista".[273]

Un principio social subrayado aquí por su relevancia para enfrentar la corrupción, es aquel que se relaciona con la prevalencia de intereses públicos sobre intereses particulares egoístas y excluyentes, especialmente aquellos intereses poderosos impuestos como resultado de privilegios injustificados obtenidos a través de prácticas ilícitas o incluso criminales, como la corrupción, o incluso por medio de la violencia. Por lo tanto, se requiere desmantelar las raíces sociales del llamado "rentismo

---

273 Garay Salamanca, L. J. (1999). *Construcción de una nueva sociedad.* Tercer Mundo Editores-Cambio, y Garay Salamanca, L. J. *Ciudadanía, lo público, democracia. Textos y notas.* Bogotá: Litocencoa.

excluyente", adoptado como una forma frecuente de interacción en muchas sociedades.[274]

Vale la pena resaltar el papel y el compromiso social clave que deben asumir los partidos políticos, los medios y los líderes corporativos, entre otros sectores de la sociedad, para promover la transparencia y la rendición de cuentas de aquellas actividades que tienen impacto social. El escrutinio moral debe ser ineludible sobre las acciones y decisiones de las élites política y económica.

Además, resulta ineludible hacer cumplir el rechazo moral a la ilegalidad y la apariencia de legalidad formal, publicitar actos y procesos de corrupción, ilegalidad y criminalidad en general, y defender irrestrictamente el imperio de la ley y la prevalencia del Estado de Derecho.

Renovar Societalmente una Cultura de la Legalidad y la Regulación Social de Mercados en un Sistema Competitivo

La corrupción no sólo se explica por la posibilidad de obtener beneficios económicos por parte de los agentes corruptos, sino bajo ciertas circunstancias por un "costo moral o rechazo/penalización moral" insuficiente impuesto por la sociedad a los agentes responsables de cometer actos ilegales, ilícitos o delictivos.[275]

Además, la prominente interferencia y papel distorsionador de poderosos intereses privados en el funcionamiento del sistema político proclives a la

---

274 Garay Salamanca, L. J. (1999). *Construcción de una nueva sociedad*. Tercer Mundo Editores-Cambio.
275 Pizzorno, A. (1992). "La corruzione nel sistema político". Em D. Porta. *Lo Scambio Occult*. Bologna: Il Mulino.

reproducción de la ilegalidad, impacta perversamente los cimientos del régimen de mercado, como se mencionó en el primer capítulo. Por lo tanto, deberían instituirse las bases sociales para reproducir "mercados competitivos equitativos" bajo los principios sociales de equidad, confianza, reciprocidad y competencia transparente, de acuerdo con el sistema de mercado capitalista referente por mandato constitucional.

En consecuencia, habría de renovarse un pacto fundacional social para promover e imponer una cultura de legalidad, como condición necesaria para rechazar y combatir eficazmente los procesos sociales arraigados de carácter ilícito y criminal, como la corrupción y la cooptación institucional.

Reivindicar Societalmente a la Política en un Régimen Democrático Deliberativo

Como se mencionó en el primer capítulo, una cooptación avanzada del Estado por parte de poderosos intereses privados egoístas y excluyentes – especialmente bajo un sistema corporativo cleptocrático – tiende a fragmentar y desvirtuar el sistema político y debilitar la debida observancia del imperio de la ley y la legitimación del Estado. Como resultado, cuanto más avanzada sea la cooptación institucional y la macrocorrupción, *ceteris paribus*, más apremiante la necesidad de reconstruir la legitimidad de la política y los partidos políticos como plataformas de pertenecia ideológica y la representación social del Estado.

En este sentido, sistemas sociales ilícitos y criminales como los de macrocorrupción y cooptación institucional deben enfrentarse como una prioridad social, entre otras, a través de la reivindicación y legitimación de la política como espacio colectivo para representar y definir intereses y propósitos sociales mediante la deliberación social y el diálogo. Este diálogo social permitirá renovar el régimen político, la participación deliberativa y la consolidación de la democracia.[276]

Obviamente, ello implica transformaciones estructurales de la *raison d'être* prevaleciente en la política y en el papel determinante que desempeñan algunos partidos políticos clave en muchos países para promover poderosos intereses egoístas y excluyentes, incluso en algunos casos ilegales, ilícitos y criminales, a expensas de propósitos colectivos perdurables.

Sin duda alguna, resulta fundamental que las élites poderosas rechacen y suplanten la lógica económica, política y cultural que ha contribuido decididamente a desencadenar procesos como los de macrocorrupción y cooptación institucional, y se comprometan irrestrictamente con la instauración de principios colectivos básicos como la prevalencia del Estado de Derecho, la preeminencia de la esfera pública y el imperio de la ley, la reivindicación del Estado, y la legitimación del régimen democrático deliberativo e incluyente como régimen político y marco básico del funcionamiento de partidos políticos.

---

276 Garay Salamanca, L. J. (1999). *Repensar a Colombia*. Bogotá: Alfaomega.

Bibliografía

Almeida dos Santos, R., de Hoyos Guevara, A. J., Sanches Amorim, M. J., & Ferraz-Neto, B. (2012). "Compliance and leadership: the susceptibility of leaders to the risk of corruption in organizations". *Einstein (São Paulo) vol.10 no.1.*

Azevedo Sodré, A., & Colaço, M. F. (2010). "Relação entre Emendas Parlamentares e Corrupção Municipal no Brasil: Estudo dos Relatórios do Programa de Fiscalização da Controladoria-Geral da União". *RAC - Revista De Administração Contemporânea*, 414-433.

Bagashka, T. (2014). "Unpacking Corruption: The Effect of Veto Players on State Capture and Bureaucratic Corruption". *Political Research Quarterly*, 67(1), 165 - 180.

Barua. (2016). "Brazil: Yearning for the good times, Global Economic Outlook", Q2 2016. Deloitte University Press.

Batista, M. (2013). "Invenctivos da Dinâmica Política sobre a Corrupção. Reeleição, competitividade e coalizões nos municípios brasileiros". *Revista Brasileira de Ciências Sociais*, 87-106.

BBC. (July 12, 2017). "El expresidente de Brasil Lula da Silva, condenado a 9 años y medio de prisión por corrupción y lavado de dinero". *BBC*. Source:

https://goo.gl/joxnW9

Bedinelli, T., & Benites, A. (May 25, 2017). "Las protestas contra el presidente Temer paralizan el Gobierno de Brasil". *El País*. Source: https://elpais.com/internacional/2017/05/24/actualidad/1495652623_766724.html

Boas, T., Hidalgo, F., & Richardson, N. (2014). "The Spoils of Victory: Campaign Donations and Government Contracts in Brazil". *The Journal of Politics* 76(02). Source: https://www.researchgate.net/publication/267796197_The_Spoils_of_Victory_Campaign_Donations_and_Government_Contracts_in_Brazil

Campante, F. R., & Quoc-Anh, D. (2014). "Isolated Capital Cities, Accountability, and Corruption: Evidence from US States". *The American Economic Review*, 104(8), 2456-2481.

Carson, L., & Mota Prado, M. (2014). "Mapping corruption and its institutional determinants in Brazil. International Research Initiative on Brazil and Africa". *(IRIBA) Working Paper: 08.*

Dávid-Barrett, E., & Philip, M. (2015). "Realism About Political Corruption". *Annual Review of Political Science*, 387-402.

den Bossche, P. V., & Segers, M. (2013). "Transfer of training: Adding insight through social network analysis". *Educational Research Review*, 8, 37-47.

El País. (March 31, 2006). "El Congreso brasileño pide el procesamiento de decenas de políticos". *El País*. Source: https://elpais.com/diario/2006/03/31/internacional/1143756016_850215.html

Ferraz, C., & Finan, F. (2011). "Electoral Accountability and Corruption: Evidence from the Audits of Local Governments". *American Economic Review*, 101(4).

Filgueiras, F., & Aranha, A. (2011). "Controle da corrupção e burocracia da linha de frente: regras, discricionariedade e reformas no Brasil". *Dados*, 54.

Flynn, P. (2005). "Brazil and Lula, 2005: crisis, corruption and change in political perspective". *Third World Quarterly*, 26(8), 1221-1267(47). Source: https://doi.org/10.1080/01436590500400025

Folha de Sao Paulo (Dec 22, 2016). "Odebrecht Group Paid Out US$ 1 Billion in Bribes in 12 Countries, Says USA". *Folha de Sao Paulo.* Source: https://www1.folha.uol.com.br/internacional/en/brazil/2016/12/1843856-odebrecht-group-paid-out-us-1-billion-in-bribes-in-12-countries-says-usa.shtml

Gallas, D. (March 7, de 2017). "Brazil's Odebrecht corruption scandal". *BBC News.* Source: http://www.bbc.com/news/business-39194395

Garay Salamanca, L. J. (1999). *Construcción de una nueva sociedad.* Bogotá: Tercer Mundo Editores-Cambio. Bogotá.

Garay Salamanca, L. J. (2000). *Ciudadanía, lo público, democracia. Textos y notas.* Bogotá: Litocencoa.

Garay Salamanca, L. J. (2002). *Repensar a Colombia.* Bogotá: Alfaomega. Bogotá.

Garay Salamanca, L. J. (2014). "Sobre la problemática de la propiedad y el uso de la tierra en un contexto de usufructo del poder y la violencia como en Colombia. A propósito de algunas perspectivas clásicas de economía política". Bogotá.

Garay Salamanca, L. J., Salcedo Albarán, E., de León Beltrán, I., & Guerrero, B. (2008). *La Captura y Reconfiguración Cooptada del Estado en Colombia.* Bogotá: Grupo Método.

Garay Salamanca, L. J.; Salcedo-Albarán, E & De León Beltrán, I. (2009). *From State Capture towards the Co-*

opted State Reconfiguration: An Analytical Synthesis. Bogotá: Método.

Garay Salamanca, L. J., Salcedo-Albarán, E., & De León Beltrán, I. (2010). *Illicit Networks Reconfigurating States: Social Network Analysis of Colombian and Mexican Cases.* Bogotá: Metodo Foundation.

Garay Salamanca, L. J., & Salcedo-Albarán, E. (2012). *Narcotráfico, Corrupción y Estados.* Bogotá: Debate.

Garay Salamanca, L. J., & Salcedo-Albarán, E. (2015). *Drug Trafficking, Corruption and States: How Illicit Networks Shaped Institutions in Colombia, Guatemala and México.* iUniverse.

Gray, H. S. (2015). "The political economy of grand corruption in Tanzania". *African Affairs*, 114(456), 282-403.

Harrison, E. (2007). "Corruption". *Development in Practice*, 672-678.

Hellman, J. S., Jones, G., & Kaufmann, D. (2000). *"Seize the State, Seize the Day" State Capture, Corruption, and Influence in Transition.* The World Bank.

Hellman, J., & Kaufmann, D. (2001). "Confronting the Challenge of State Capture in Transition Economies." *Finance & Development, 38(4).*

Hérmida, X. (May 19, 2017). "El Supremo de Brasil coloca a Temer al borde de la destitución". *El País.* Source: https://elpais.com/internacional/2017/05/18/actualidad/1495118590_847067.html

Hipólito, M. (2016). "Democracy in Brazil: Has anything changed since the early 1990s?" Latin American Research Centre. Source: https://larc.ucalgary.ca/publications/democracy-brazil-has-anything-changed-early-1990s

Johnson, J. A., R. J., Norwood, B. F., McCoy, D. M., Cummings, B., & Tate, R. R. (2013). *Social Network*

Analysis: A Systematic Approach for Investigating. FBI Law Enforcement Bulletin.

Jusbrasil (2010). "Doze partidos têm histórico de mensalões". *Jusbrasil.* Source: https://oab-ma.jusbrasil.com.br/noticias/2027976/doze-partidos-tem-historico-de-mensaloes

Kaufmann, D., Kraay, A., & Mastruzzi, M. (2010). *The Worldwide Governance Indicators: Methodology and Analytical Issues.* The World Bank.

Kaufmann, D., Kraay, A., & Mastruzzi, M. (September 24, 2010). "The Worldwide Governance Indicators: Methodology and Analytical Issues". *World Bank Policy Research Working Paper No. 5430.*

Lawrence, L. (2013). "Corrupt and Unequal, Both". *Fordham L. Rev, 83*(2). Source: http://ir.lawnet.fordham.edu/flr/vol84/iss2/4

Lessig, L. (2013). "Institutional Corruption, defined". *Law Med,* 2-4.

Lippitt, A. H. (2013). "An Empirical Analysis of the Foreign Corrupt Practices Act". *Virginia Law Review, 99*(8), 1893-1930.

Lopes, E. (2010). "As gramáticas morais da corrupção: aportes para uma sociologia do escândalo". *Teoria Política e Social na Contemporaneidade,* 126-147.

Martínez García, D. (2014). "La Corrupción y su efecto retroalimentativo: Una de las mayores amenazas a la democracia". *Letras Jurídicas*(29), 107-118.

Ministério Público Federal & Procuradoria-Geral Da República (2017). *Termo de Pre-Acordo de Colaboracao premiada.* Source: http://www.mpf.mp.br/para-o-cidadao/caso-lava-jato/desmembramentos/rio-de-janeiro/documentos/sentenca-radioatividade

Ministério Público Federal & Procuradoria-Geral Da República (2017). *Termo de Pre-Acordo de Colaboracao premiada.* Source: http://jud-anexos.digesto.com. br/52619d47af6662e1cc5699929cc151c3.pdf

Ministério Público Federal & Procuraduria da República no Estado do Rio de Janeiro (2017). *Processo de autos n° 0504048-77.2017.4.02.5101; Autos n° 0503012-97.2017.4.02.5101.*

Ministério Público Federal & Procuraduria da Repúliba no Estado do Rio de Janeiro (2016). *Processo de autos n° 0509503-57.2016.4.02.5101.* Source: http:// politica.estadao.com.br/blogs/fausto-macedo/wp-content/uploads/sites/41/2017/11/75959255-1233-1-pp.pdf

Ministério Público Federal (2014). *Termo de Pré-acordo de Colaboração Premiada.* Procuradoria-Geral Da República.

Minstério Público Federal (2016). *Processo No 0502834-85.2016.4.02.51011. Procuradoria da Repúplica no Estado do Rio de Janeiro.* Núcleo de Combate à Corrupção – Força Tarefa.

Morselli, C. (2008). *Inside Criminal Networks.* Montreal: Springer.

Mota Prado, M., Carson, L., & Correa, I. (2015). "The Brazilian Clean Company Act: Using Institutional Multiplicity for Effective Punishment". *Osgoode Legal Studies Research Paper,* 48.

Paraguassu, L., & Soto, A. (May 10, 2016). "Brazil's Temer calls for unity, confidence for Brazil". Recov*tion, Anthropology and Comparative Society* . Aldershot: Ashgate.

Pew Global. (2014). *Brazilian Discontent Ahead of World Cup.* Source: http://www.pewglobal.org/2014/06/03/ brazilian-discontent-ahead-of-world-cup/

Pizzorno, A. (1992). "La corruzione nel sistema político". Em D. Porta, *Lo Scambio Occult.* Bologna: Il Mulino.

Praça, S. (2011). "Corrupção e reforma institucional no Brasil, 1988-2008". *Opiniao Publica. Vol. 17 Issue 1*, 137-162.

Radil, S. M., Flint, C., & Tita, G. E. (2010). "Spatializing Social Networks: Using Social Network Analysis to investigate Geographies of Gang Rivarly, Territoriality and Violence in Los Angeles". *Annals of the Association of American Geographers, 100*(2), 307-326.

Rose-Ackerman, S. (1999). *Corruption and Government: Causes, Consequences and Reforms.* New York: Cambridge University Press.

Rufyikiri, G. (2016). "Grand Corruption in Burundi: a collective action problem which poses major challenges for governance reforms". Institute of Development Policy *(IOB)*.

Salcedo-Albarán, E., Goga, K., & Goredema, K. (2014). "Cape Town's underworld mapping a protection racket in the central business district". Petroria: Institute for Security Studies.

Sapelli, G. (1998). *Cleptocracia. El "mecanismo" de la corrupción en política y eocnomía.* Buenos Aires: Ed. Losada S.A.

Serra, D., & Wantchekon, L. (2012). *New Advances in Experimental Research on Corruption.* Bingley: Emerald Group.

Sharafutdinova, G. (2010). "What Explains Corruption Perceptions? The Dark Side of Political Competition in Russia's Regions". *Comparative Politics, 42*(2), 147-166.

Shiu Hing Lo, S. (2017). "Comparative grand corruption and protection pacts among elites: the cases of Ao Man Long in Macao and Hui Si-Yan in Hong Kong".

Asian Journal of Political Science, 25(2), 234-251.

Stanig, P. (2015). "Regulation of Speech and Media Coverage of Corruption: An Empirical Analysis of the Mexican Press". *American Journal of Political Science*, 59(1), 175-193.

Stockemer, D., LaMontagne, B., & Scruggs, L. (2013). "Bribes and ballots: The impact of corruption on voter turnout in democracies". *International Political Science Review / Revue internationale de science politique*, 34(1).

Tverdova, Y. V. (2011). "See No Evil: Heterogeneity in Public Perceptions of Corruption". *Canadian Journal of Political Science / Revue canadienne de science politique*, 44(1), 1-25.

Van den Bossche, P. & Segers, M. (2013). "Transfer of Training: Adding Insight Through Social Network Analysis". *Educational Research Review*(8), 34-47.

Villoria, M., Van Ryzin, G., & Lavena, C. (2013). "Social consequences of government corruption: A study of institutional disaffection in Spain". *Public Administration Review* (73).

Watts, J. (June 21, 2013). "Brazil erupts in protest: more than a million on the streets". *The Guardian*. Source: https://www.theguardian.com/world/2013/jun/21/brazil-police-crowds-rio-protest

Weitz-Shapiro, R., & Winters, M. S. (2013). "Lacking information or condoning corruption: When will voters support corrupt politicians?" *Comparative Politics* 45 (4), 418-436.

Williams, B. (2005). *In the Beginning was the Deed.* Princeton : Princeton Univ. Press.

Williams, R. (June de 1999). "The New Politics of Corruption". *Third World Quarterly*, 20(3), 487-489.

Winters, M. S., & Weitz-Shapiro, R. (2013). "Lacking

Information or Condoning Corruption: When Do Voters Support Corrupt Politicians?" *Comparative Politics, 45*(4), 418-436.

Worell, J., Wasko, M., & Johnstn, A. (2013). "Social Network Analysis in Accounting Information Systems Research." *International Journal of Accounting Information Systems*(14), 127-137.

World Bank. (1997). *Helping Countries Combat Corruption: The Role of The World Bank.* Washington: World Bank.

World Bank. (2017). *World Development Indicators GDP Brazil.* Source: https://goo.gl/jcSgqt

Anexo. Fuentes

El análisis se inició con las primeras cuatro decisiones judiciales de la etapa inicial de investigación: Lava Jato, Dolce Vita, Bidone y Casablanca, cada una concentrada en una organización ilícita/criminal dirigida por los acusados Carlos Habib Chater, Alberto Youseff, Nelma Kodama and Henrique Srour. Fuentes extraídas de: http://lavajato.mpf.mp.br/atuacao-na-1a-instancia/decisoes-da-justica.

- Operação Lava Jato. Pedido De Busca E Apreensão Criminal Nº 5001438¬85.2014.404.7000/PR.
- Operação Dolce Vita. Pedido De Busca E Apreensão Criminal Nº 5001461¬31.2014.404.7000/PR.
- Operação Bidone Pedido De Busca E Apreensão Criminal Nº 5001438¬85.2014.404.7000/PR.
- Operação Casa Blanca Pedido De Busca E Apreensão Criminal Nº 5001443¬10.2014.404.7000/PR

Luego fueron analizadas 29 sentencias de la primera y segunda instancia de la investigación Lava Jato, extraídas de http://lavajato.mpf.mp.br/atuacao-na-1a-instancia/denuncias-do-mpf. Las sentencias fueron procesadas en vez de las denuncias, dado que la información recolectada al inicio de la investigación, así como la provista por los testigos, fue después confirmada o descartada durante el proceso de enjuiciamiento. Por tanto, las sentencias ofrecen información más confiable, como componente clavede la "verdad judicial".

Fuentes de la primera etapa

- Ação Penal Nº 5025687-03.2014.404.7000/PR

• Ação Penal Nº 502569225.2014.4.04.7000/PR

• Ação Penal Nº 5022182¬33.2016.4.04.7000/PR

El análisis fue complementado con decisiones judiciales y anexos de procesos judiciales, extraídos de https://jota. info/lavajota/ and http://lavajato.mpf.mp.br/atuacao--na-1a-instancia/.

• Autos N° 2009.70.00.019131-5 Ação Penal

• Pedido De Busca E Apreensão Criminal Nº 507347513.2014.4.04.7000/PR

• Autos De Ação Penal Nº 5025699-17.2014.404.7000

• Contrarrazões, João Luiz Correia Argôlo Dos Santos,- Sidney Rocha Peixoto – Oab/Al 6217

• Pedido De Prisão Preventiva Nº 5011708-37.2015.4.04.7000/Pr

• Termo de Colaboração Nº 1 que Presta Julio Gerin De Almeida Camargo

• Extrato Detalhado - Caso 001-Mpf-001360-10

• Autos Nº: 5023162-14.2015.4.04.7000

• Pedido De Quebra De Sigilo De Dados E/Ou Telefônic Nº 5031505-33.2014.404.7000/Pr

• Ação Penal Nº 5013405-59.2016.4.04.7000/Pr

• Autos Nº 5025692-25.2014.404.7000

• Autos Nº 5083401-18.2014.404.7000

• Apelação Criminal Nº 5026212-82.2014.4.04.7000/Pr

• Ofício Nº 8243851 Ação Penal Nº 5025699-17.2014.404.7000/Pr

• Processo Administrativo Nº 13896.721116/2015-85

Termo De Verifcação Fiscal

• Autos Originários Nº 5073475-13.2014.404.7000 Ipl Nº 5071698-90.2014.404.7000 (Camargo Correa) IPL Nº 5053836-09.2014.404.7000 (UTC)

• Ofício Nº 8244356 Ação Penal Nº 5025699-17.2014.404.7000/PR

• Ação Penal Nº 502621282.2014.4.04.7000/PR

• Ação Penal Nº 502624305.2014.404.7000/PR

• Ação Penal Nº 5035707-53.2014.404.7000/PR

• Ação Penal Nº 5047229-77.2014.4.04.7000/PR

Fuentes de la segunda etapa

• Ação Penal Nº 508337605.2014.4.04.7000/PR

• Ação Penal Nº 508336051.2014.4.04.7000/PR

• Ação Penal Nº 508335189.2014.4.04.7000/PR

• Ação Penal Nº 508340118.2014.4.04.7000/PR

• Ação Penal Nº 508325829.2014.4.04.7000/PR

• Ação Penal Nº 502742237.2015.4.04.7000/PR

• Ação Penal Nº 508383859.2014.4.04.7000/PR

- Ação Penal Nº 500732698.2015.4.04.7000/PR

- Ação Penal Nº 501233104.2015.4.04.7000/PR

- Ação Penal Nº 502312147.2015.4.04.7000/PR

- Processo Nº 5023162-14.2015.4.04.7000

- Ação Penal Nº 5023135-31.2015.4.04.7000/PR

- Ação Penal Nº 503652823.2015.4.04.7000/PR

- Ação Penal Nº 503947550.2015.4.04.7000/PR

- Ação Penal Nº 504524184.2015.4.04.7000/PR

- Ação Penal Nº 506157851.2015.4.04.7000/PR

- Ação Penal Nº 5029737¬38.2015.4.04.7000/PR

- Ação Penal Nº 501340559.2016.4.04.7000/PR

- Ação Penal Nº 502217978.2016.4.04.7000/PR

- Ação Penal Nº 503042478.2016.4.04.7000/PR

- Ação Penal Nº 5051606¬23.2016.4.04.7000/PR

- Ação Penal Nº 5030883¬80.2016.4.04.7000/PR

- Pedido de Prisão Preventiva Nº 5004872-14.2016.4.04.7000/PR

- Texto com Redação Final. Conselho De Ética E Decoro Parlamentar. Reunião Nº 979/2014 Data: 13/8/2014

- Termo de Declarações Que Presta Meire Bonfm Da Silva Poza

• Auto de Qualifcação Interrogatório De: Luiz Cláudio Machado Ribeiro

• Referência: Ação Penal Nº 5026663-10.2014.404.7000, Carlos Habib Chater Abdogado

• Pedido De Busca E Apreensão Criminal Nº 5004257-58.2015.4.04.7000/PR

• Ação Penal Nº 5061578-51.2015.4.04.7000/Pr. Ofício Nº 700001435567

• Pedido De Busca E Apreensão Criminal Nº 5014497-09.2015.4.04.7000/Pr

• Pedido De Quebra De Sigilo De Dados E/Ou Telefônic Nº 5026387-13.2013.404.7000/Pr

• Pedido De Quebra De Sigilo De Dados E/Ou Telefônic Nº 5073645-82.2014.404.7000/Pr

• Autos Nº 5003682-16.2016.404.7000

• Exceção De Incompetência Criminal Nº 5022869-44.2015.4.04.7000/Pr

• Apelação Criminal Nº 5023162-14.2015.4.04.7000/Pr

• 21/06/2016 Segunda Turma Inquérito 3.997 Distrito Federal

• Registros 0088693 Nestor Cunat Cervero

• Solicitação De Assistência Jurídica Em Matéria Penal - Saj Nº 700000454378

• Ação Penal Nº 5083351-89.2014.4.04.7000/Pr Ofício Nº

700000424021

· Para distribuição por dependência aos autos Nº 5046019-54.2015.4.04.7000 (Representação Criminal) Nº 5047925-79.2015.404.7000 (Inquérito Policial) e Nº5049557- 14.2013.404.7000 (Inquérito Bidone)

· Autos Nº 5023121-47.2015.404.7000

· Devolução de carta precatória devidamente cumprida 40120162095521, 866437.2016_31-8.pdf 15/08/2016 14:43:06

· Autos Nº 5083351-89.2014.4.04.7000

· Autos Nº 5053845-68.2014.404.7000 e 5044866-20.2014.404.7000 (IPL referente à Engevix), 5049557-14.2013.404.7000 (IPL originário), 5073475-13.2014.404.7000 (Buscas e Apreensões) e conexos

· Distribuição por dependência aos autos Nº 5049557-14.2013.404.7000 (IPL originário), 004996-31.2015.404.7000 (IPL referente a Mario Goes), 5085114-28.2014.404.7000 (Busca eApreensão Riomarine) e conexos.

· Relatório De Análise De Polícia Judiciária Nº 124/2016

· Autos Nº 50001965720154047000

· Informação Nº 036/2015-Delefn/Drcor/Sr/Dpf/PR

· Processo Nº 5027422-37.2015.4.04.7000

· Processo-CrimeDeAutosNº5037800-18.2016.404.7000

· Termo De Depoimento De Marcos Pereira Berti

• Denúncia No Inquérito N° 2245

• Ofício N.° 8284027 Ação Penal N° 5026243-05.2014.404.7000/PR

• Questão De Ordem Na Ação Penal 871 Paraná

• Autos De Ação Penal N° 5047229-77.2014.404.7000

• Pedido De Prisão Preventiva N° 5012323-27.2015.4.04.7000/PR

• Termo De Audiência Ação Penal N°5037800-18.2016.404.7000

• Ofício N° 700000522775 Ação Penal N° 5012331-04.2015.4.04.7000/PR

• Contrarrazões Ao Recurso De Apelação Mateus Coutinho De Sá Oliveira E José Ricardo Nogueira Breghirolli

• Documento Interno Do Sistema Petrobras – Dip

• Termo De Depoimento De Marcos Pereira Berti

• Pedido De Quebra De Sigilo De Dados E/Ou Telefônic N° 5029786-79.2015.4.04.7000/Pr

• Habeas Corpus N.° 5029560-25.2015.404.0000

• Informação N° 96/2014 Qualifcação – Contatos Youssef – Utc/Constran Data: 15/10/2014

• Autos N°: 5014455-57.2015.404.7000

• Autos N° 5039475-50.2015.4.04.7000

• Exceção De Litispendência N° 5052022-

59.2014.404.7000/Pr

• Termo De Transcrição Audiência Do Dia 19/02/2004

• Autos N° 5036518-76.2015.4.04.7000/Pr

• Pedido De Busca E Apreensão Criminal N° 5055178-21.2015.4.04.7000/Pr

• Anexo 05) Termo De Transcrição Dos Interrogatórios Dos Coacusados Na Ação Penal N° 502569917.2014.404.7000

Sub-estructuras

Finalmente, el análisis de las sub-estructuras fue complementado con los siguientes documentos extraídos de http://lavajato.mpf.mp.br/atuacao-na-1a-instancia/denuncias-do-mpf.

• Distribuçao por Dependência Aos Autos N° 0506973-0.2016.4.02.5101 – Quebra De Sigilos Bancário E Fiscal

• N° 108397/2017 – Gtlj-Pgr Inquérito N° 3995/Df

• Processo a ser Distribuido por Dependencia Aos Autos N° 0501018-34.2017.4.02.5101

• Distribuçao por Dependência:

• Autos N° 053012-97-2017.4.02.5101 – homologacao de

• IPL 0014808-07.2013.403.6120

• Ação Penal N° 5045241-84.2015.4.04.7000

• Autos N° 50001965720154047000

• Pedido De Busca E Apreensão Criminal N° 5012298-

77.2016.4.04.7000/Pr

• Serviço Publico Federal Mj - Polícia Federal – Sede Termo De Declarações De Paulo César Roxo Ramos

• Resposta À Acusação Ação Penal Nº 5013405-59.2016.4.04.7000

• Ação Penal 470 Minas Gerais

• Relatório De Polícia Judiciária Nº 010/16 Análise De Mídia Apreendida

• Referência: Ofício No 4001 -201s Dpf - Lpl 131 Stz014-4 Sr/Dpf/Pr

• Autos Nº 5012331-04.2015.404.7000

• Pedido De Busca E Apreensão Criminal Nº 5073475-13.2014.404.7000/Pr

• Os Pedidos De Prisão E Condução Coercitiva Folhapress

• Pedido De Busca E Apreensão Criminal Nº 5014455-57.2015.4.04.7000/Pr

• Translation Leonardo Meirelles E-Mail

• Comptes Bancaires Utilisés dans la Dernière Couche des Opérations de Blanchiment.n Ministère Public Fédéral

• Ação Penal Nº 5049898-06.2014.404.7000/Pr

• Pedido De Busca E Apreensão Criminal Nº 5085114-28.2014.404.7000/Pr

• Autos Nº 5053744-31.2014.404.7000 (Ipl Referente À Mendes Júnior), 5073475-13.2014.404.7000 (Buscas E

Apreensões), 5049557-14.2013.404.7000 (Autos Originais) e Conexos

• Pedido De Quebra De Sigilo De Dados E/Ou Telefônic Nº 5009225-34.2015.4.04.7000/Pr

• Acao Penal N° 5046512-94.2016.4.04.7000/Pr

• Processo N° 12393-69.2017.4.01.3500

• Processo N° 12393-69.2017.4.01.3500

• Caso "De Volta Aos Trilhos" Ipl N° 0533/2013-4 Sr/Dpf/Go

• Ipl 0017513-21.2014.4.02.5101 Distribuzao Por Dependencia: Autos N°005781733.2012.4.02.5101 (Operacao Saqueador) y 0509503-57.2016.4.02.5101 (Operación Calicute).

• Processo N° 017513.21.2014.4.02.5101(2014.51.01.017513-9). Colaboração premiada.

• Autos N° 0503104-75.2017.4.02.5101 – prisao preventiva

Autos N° 0502479-41.2017.4.02.5101 – quebra telemática

• Autos N° 0502500-17.2017.4.02.5101 – quebra de sigilos bancário/fscal

• Autos N° 0503213-89.2017.4.02.5101 – quebra datos telefónicos

• Autos N° 0503229-43.2017.4.02.5101 – interceptacao

• Autos N° 0503211-22.2017.4.02.5101 – medida

cautelade sequestro

• Autos N° 0503212-07.2017.4.02.5101 – busca e apreensao

Autos N° 0503371-47.2017.4.02.5101 – busca e apreensao complementar

• Autos N° 0503435-57.2017.4.02.5101 – inquerito policial (IPL 37/2017)

• Processo a ser distribuído por dependencia aos autos N°0503012-97.2017.4.02.5101

• Processo N° 0503104-75.2017.4.02.5101

• Processo N° 0502834-85.2016.4.02.5101

• Distribucao por dependencia: Processo N° 0210926-86.2015.4.02.5101

Processo de autos N° 0504048-77.2017.4.02.5101

• Processo a ser distribuido por dependencia aos autos N° 0503012-97.2017.4.02.2101

• Processo de autos N° 0504048-77.2017.4.02.5101

• Processo a ser distribuido por dependencia aos autos N° 0503012-97.2017.02.5110

• Distribucao por dependencia aos autos N° 5006617-29.2016.4.04.7000/PR Ref. Inquérito Policial N°5006597-38.2016.4.04.7000